YO
LE
SIGO

Nos convertimos en lo que contemplamos.

JONATHAN PASTOR
Volumen 1

Agradecimientos

Para Luis y Lidia, por dejar con cada acción un legado, una semilla en mi corazón de pasión, entrega y amor.

Mi familia extendida, Mary, Santiago, Otilia y Jeamy, gracias por adoptarme en su familia.

Copyright © 2021 por Jonathan Pastor + Jonathan pastor.net. Todos los derechos reservados

INTRODUCCIÓN

Qué pasen los marcadores por estas páginas; que las hojas se doblen y arruguen. Aunque el polvo de tu recámara se pose más de una vez sobre él... deseo más que nada que este libro pase a través ti, de tu mente; que genere un cambio sustancial y queme los caminos que llevan al dolor y la vergüenza; que sigas la senda correcta aun cuando todos te señalen.

Si estas páginas te conducen más cerca de tu propósito, ¡yo te pago el Uber! Confía en ti, pero confía más en que Dios obrará maravillas en tu vida. Este libro tiene la finalidad de que sigas al único modelo y perfecta referencia por los siglos de los siglos. Síguelo hoy.

01

MI PROPOSITO

Yo le sigo

01
MI PROPOSITO

Recorre los aspectos más íntimos de tu vida. Analiza tus pensamiento más ocultos, tus motivaciones, tus anhelos y deseos más secretos. Ahora hazte esta pregunta: "¿Cuál es mi propósito en esta vida?"

Esa es la pregunta más importante que me he realizado, y ahora te la hago a ti. Si tu ser no está trabajando en armonía con tu propósito, entonces no estás viviendo.

Querido, yo quiero que entiendas que Dios te creó para que tengas una identidad y un propósito definidos.

Existen momentos en nuestra vida que determinan nuestra futuro, y uno de ellos es cuando encontramos la misión, el propósito por el cual hemos nacido. Alcanzarlo exige mucho esfuerzo de nuestra parte. Lograrlo en esta vida requiere mucho sacrificio de nosotros.

No se puede definir como algo grande o pequeño; es una semilla que solo tú posees y depende de ti si lo plantas (decisión) y lo cuidas (acción). No puedes obtener el éxito en tu labor, no es posible conseguir tu propósito sin estos dos elementos claves.

Cumplir con tu propósito tiene que ver más con lo que Dios quiere y menos con lo que tú deseas (Drop the mic). Esta es la parte difícil, y te lo digo por experiencia. Quieres que una muchacha específica sea tu novia; deseas ir a un lugar determinado; haces planes para graduarte de ingeniero... entonces a Dios se le ocurre intervenir y te dice: "Todos los planes que estás haciendo suenan maravillosos, pero no es por ahí, hijo". ¡Y comienza un conflicto! Sin embargo, debes estar convencido de lograr los planes y propósito que Dios tiene para ti.

Cuando llegas a este punto, quizás te preguntas si valdrá la pena cumplir ese propósito. La verdad es que no es una obligación lograrlo, pero **¿por qué invertir tiempo y energías en llorar cuando Dios te hizo para vivir en plenitud?** Esa es la diferencia entre cumplir o no tu propósito de vida.

MI PROPOSITO

Comprendamos que nuestra misión es mucho más trascendental que nuestros sueños. Es un hecho que trabajar para Dios requiere nuestro todo y aun cuando existen momentos de aparente fracaso sabemos que el éxito está garantizado cuando estamos en el lugar y en el momento correctos, ya que una fuerza poderosa se apodera nosotros y nos ayuda a seguir a pesar de los vientos contrarios, así lo dijo Pablo (2 Co. 4:2).

Mi deseo es que, mientras leas estas líneas, el Espíritu Santo pueda tocar tu vida con un aliento especial; que sea un soplo que te lleve a otro nivel espiritual y que puedas experimentar que la vida guiada por Dios y con propósito vale más que el aplauso multitudinario y vacío del hombre.

Escribo estas líneas con la intención de que detone en tu corazón la necesidad de algo mejor, más grande; la necesidad de sentirte insatisfecho con tu vida presente y que sientas un apetito voraz por comerte el mundo, pero no para presumir, sino para servir y sentir la restauración en tu hogar, en tus relaciones y en tu comunión con el Creador.

Visualiza tu vida en el camino que estás por recorrer, envejece con orgullo, usa tus manos para sacar la arena del desierto de los corazones áridos y amargos. Abraza sin motivo y muévete con visión. Que hoy sea el primer día en plenitud del resto de tus días, una página en blanco para realizar en ella una obra de arte.

Deseo expresarte algo más antes de despedirnos. Tu propósito no tiene nada que ver con tu cuenta bancaria, con los títulos colgados en la pared o la edad que tienes. Tu propósito es el anhelo que hace que explote tu alma y logra que tu potencial se derrame para bendición sobre otros y en tu vida. Así que, cero excusas y avanza para lograrlo.

EL PROCESO

 Paso 1: ANALIZA

Las consecuencias de vivir con un propósito **definido** son grandes resultados y éxitos

En ocasiones, el propósito se descubre con algo que amas u odias. .

 Paso 2: FRASE DE PODER

"Nunca es demasiado tarde para convertirte en lo que podrías haber sido." — **GEORGE ELLIOT**

 Paso 3: LA ORACION

Padre, anhelo con todo mi corazón cumplir tu propósito en mi vida. Mi deseo es vivir para ti. Realiza un cambio en mí ahora. En el nombre de Jesús. Amén.

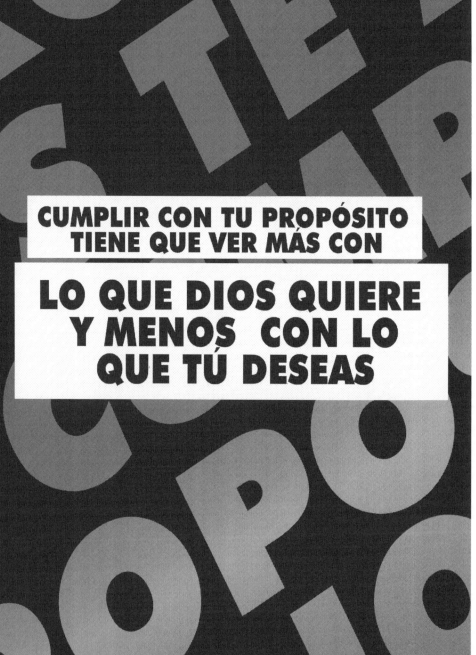

02

Yo le sigo

GRACIA INFINITA

02
GRACIA INFINITA

"Creo que abusas de las prédicas que hablan de la gracia", me reprochó un hermano después de escucharme predicar un sermón. No me detuve a razonar sobre este episodio sino hasta este momento, al escribir estas líneas. Hoy es justo Día de Acción de Gracias aquí en los Estados Unidos. En pocos minutos me sentaré enfrente de una mesa con comida apetitosa (el olor no miente).

¿Sabes algo? Yo no preparé absolutamente nada de lo ahí servido porque recién estoy llegando de un viaje de Dallas, donde he estado trabajando; sin embargo, ni por un instante me he preguntado: «¿Debo o no comer lo que se ha preparado, ya que no invertí ni un centavo?». Yo solo sé que, sin merecerlo, me están reservadas la silla y la comida. Ahora de mí depende levantarme, dejar mi iPad y sentarme a disfrutarlo.

Te pregunto entonces: ¿En qué consiste la gracia? ¿Qué significa esa palabra para ti? Por ahora, te diré lo que no es la gracia. La gracia no es un esquema de retribución por merecer algo; tampoco es mi mamá que está preparando una comida deliciosa en este momento (comida venezolana).

No quiero cambiar tu filosofía sobre la **gracia**; sin embargo, sí quiero simplificar el concepto para que, incluso, el hombre más sencillo pueda entenderlo. La gracia es mi **respiración** en este momento; la gracia es poder ver un cielo azul, **caminar, amar.** Y más que un pago de una tarjeta de crédito por mis deudas pasadas, la gracia es mirar la cuenta en el restaurante de la vida y saber que no tengo dinero para pagarla, pues ni lavando todos los platos de ese local lograría completar el pago de lo que pedí.

La gracia es no tener la menor idea de cómo funciona el automóvil, pero igual te subes y avanzas. Nadie te cobra por el oxígeno que estás usando, es más, no tienes idea de su nomenclatura química o de dónde proviene, pero está disponible tanto para el bueno como para el peor de nosotros.

Ojo. Disfrutar de todo esto y no estar consciente de su valor te puede hacer vivir como un verdadero cretino. Es como ese hombre que se sienta en su mesa todas las tardes y espera que su esposa le sirva los mejores platos, lo trate como a un rey, y al final no le dice absolutamente nada a ella (no creo que ese seas tú). Su mujer lo seguirá haciendo, pero quien pierde es el marido; pierde al no dar un gracias, por no estar consciente de esa bendición que es inmerecida, por creer merecer lo que se le coloca en la mesa. Es un hecho que así actuamos la mayoría de las veces.

GRACIA INFINITA

Pensamos que lo recibido es por derecho. Mi anhelo antes de irme a disfrutar la deliciosa comida es que entiendas que la gracia nos cubre, nos abraza, nos despierta, nos acaricia cada día, nos hace aptos (cuando no lo somos) y nos levanta (cuando nadie lo hace). La gracia es **Jesús**, de quien nunca dejaré de hablar.

EL PROCESO

 Paso 1: *ANALIZA*

Cuál es la diferencia entre Justicia y Gracia. Como cambia tu vida si entiendes la magnitud de la Gracia.

 Paso 2: *FRASE DE PODER*

"La **gracia** del Señor nos invita, no nos exige."—
MAX LUCADO

 Paso 3: *LA ORACION*

Padre, necesito experimentar tu gracia; muéstramela cada día y hazme sensible al regalo maravilloso que has colocado en mi corazón. En el nombre de Jesús. Amén.

03

Yo le sigo

DECISIONES

03
DECISIONES

Hoy será un día importante. Hoy tienes la oportunidad de tomar decisiones que cambiarán el resto de tu vida. ¿Adónde irás? ¿Dónde encontrarás guía en tu andar? Te diré algo repetido, pero muy cierto: **la Palabra de Dios es la fuente suprema que te guía para tomar decisiones acertadas,** ella puede ser la luz en tu camino, la brújula en medio de tanta indecisión y la música entre tanto ruido.

La Biblia no es un mero libro de historia. ¡No! La Biblia es un libro profético. **Es el único libro que, mientras lo lees, te lee a ti** (tomé esa frase de @immiketood). Tiene pronósticos exactos del ayer, del presente y de tu futuro. ¿No es esto maravilloso? Te invito a leer lo que dice Hebreos 4:12.

Una decisión de poder es la de "desaprender". Muchas veces necesitamos arrojar lo viejo para que Dios nos dé algo nuevo. No debes retrasar esta decisión.

Muchos de nosotros queremos usar la Palabra de Dios para nuestro beneficio. Manipulamos su contenido y la interpretamos a nuestra conveniencia. Usamos un "así dice Jehová" y un "¡Aleluya!" para respaldar nuestras ideas y decisiones absurdas. Como aquel hermano que critica despiadadamente y se obsesiona por leer la Biblia para reprender a otros. Esa no es la finalidad de la Biblia. El Santo Libro no existe para respaldar nuestras filosofías.

La Biblia tiene la finalidad de inyectarnos de fe; es guía para que el perdido encuentre el camino y para que alineemos nuestros pensamientos con los del Padre. No es letra vacía; es más que hojas y tinta. Las versiones pueden variar, pero el poder permanece ahí.

Si todavía no tienes una dinámica de lectura, debes comenzarla ya. No tardes porque cada día que la retrasas, te alejas del inicio de forjar tu destino. Tu mejor decisión inicia con un día en compañía de Dios. Cambia de hábitos. Inicia con la Palabra antes que abrir el Instagram. Hazlo; me lo agradecerás.

DECISIONES

Abre tu corazón e introduce la Palabra de Dios de manera dinámica, hasta que tatúe tu alma por completo, que rectifique tu mediocridad, que te eleve para que tomes las decisiones más absurdas, pero necesarias e influya en ti hasta que logres no darte por vencido. Su Palabra vivificará todo tu andar, te hará más sabio, hasta que puedas gozar de una vida en total paz contigo mismo y de comunión con Dios.
Tus decisiones comienzan con un "así dice Jehová".

EL PROCESO

 Paso 1: ANALIZA

De todas las decisiones, la más importante es la primera. Asegúrate de contar con la dirección divina cada mañana. Busca en su Palabra lo necesario para tomar el mejor camino.

 Paso 2: FRASE DE PODER

"Donde no hay decisiones, no hay vida." — **JJ. DEWEY**

 Paso 3: LA ORACION

Padre, ayúdame. Quiero tomar buenas decisiones y sé que tu Palabra arroja luz. Dame el deseo de buscarte y escucharte. En el nombre de Jesús. Amén.

Tus decisiones

comienzan con un:

"así dice Jehová"

04

Yo le sigo

SALVADOS

04
SALVADOS

¡Es abrumador vivir cerca de personas que tratan de llenar un libro con los requisitos para obtener la salvación! Y mi deber es aclararte, es recordarte que ¡No! ¡No! y ¡No! Por más buenas que sean tus obras, ellas no te llevarán al cielo, no te pagarán el ticket, no te acercan ni un milímetro.
Entiendo que este hecho te puede frustrar, ya que, en este mundo contaminado, lo que hacemos es lo que cuenta. Es muy complicado (mas no imposible) codificar esto en nuestras vidas.

Conozco a muchas personas que realizan buenas obras, lo que es magnífico (pues es el resultado de ser salvos); sin embargo, todas estas obras deben ser fruto de nuestra relación con Dios. Ninguna semilla, al ser sembrada, se esfuerza en dar frutos. Por el contrario, es un acto natural, como si de respirar se tratase, y ese es el punto.

Te aseguro que la mejor manera de llegar al cielo es profesarla fe en Jesús y vivir como Él vivió. "¿Así de fácil, Jonathan?", preguntarás. "Así de fácil, querido", te respondo. La Palabra lo explica bien en Romanos 10:9. Confiesa y cree y tendrás **salvación**.

Comienza hoy con esta verdad en tu vida y créelo. Si lo haces, aun sin conocerte, tengo la certeza de que llegaremos al cielo. Dios te ama y hoy quiere garantizarte la vida eterna. **Tu salvación está comprada. Nada puedes hacer para merecerla, solo la debes aceptar y ya.**

Lo último que deseo decirte antes de acabar esta sección es que, una vez que aceptes la salvación por medio de Jesús, tendrás que vivir con el privilegio y bajo la responsabilidad de ser salvo, que, más que una carga, es una hermosa experiencia y compromiso. Disfrútala y vívela.

EL PROCESO

 Paso 1: ANALIZA

Tus obras son importantes, pero el cielo, ese es un regalo de la cruz.

 Paso 2: FRASE DE PODER

"Si él nos ama, debemos ser dignos **de** ser amados."
— **MAX LUCADO**

 Paso 3: LA ORACION

Padre bueno, necesito vivir por gracia y, al mismo tiempo, mostrar tu amor; que otros vean en mí el gozo de la salvación y pueda llevar corazones a tus pies. Ese es mi deseo. En el nombre de Jesús. Amén.

05

Yo le sigo

SIEMPRE CONTIGO

05
SIEMPRE CONTIGO

"¡Yo pensaba que ellos eran mis amigos!", exclamó una joven luego de que terminé de predicar. Me preguntó si alguna vez podríamos decir lo mismo de Dios. La respuesta es obvia, pero confusa para algunos: "¡No!". La respuesta es un rotundo "¡No!". En Dios no existe ese rechazo, esa crítica despiadada o la falta de comprensión. Él nunca va a estar con "cara de limón". ¡Claro que no! Él no se cansa de ti. Él no tiene límites. Él no miente. Cumplirá lo que prometió. Su Palabra dice que está para nosotros las 24 horas del día, siete días a la semana. Él es el mismo siempre (Hebreos 13:8); su poder no mengua; su amor permanece cuando otros desaparecen.

Sé lo que puede significar el rechazo. Es un hecho que **muchas personas viven cegadas por su propio YO y pueden abandonarte, pero Dios no lo hará nunca.**

Recuerdo cuando me mudé de país. El cambio fue bastante fuerte para mí; sin embargo, a pesar de ese sentimiento, pude sentir que Dios permanecía a mi lado. El mismo Dios que me cuidaba en Venezuela lo hace aquí donde estoy y donde esté. Tú también puedes contar con Él hoy. Es un amigo fiel que no se desencanta de ti cuando das un paso en falso; es un amigo que tiene la firme decisión de acompañarte en las buenas y en las malas; que no exige garantías y corrió todo el riesgo por ti. Él está y estará contigo porque así lo prometió.

El Señor anhela impactar tu vida. Él conoce el potencial que hay dentro de ti (cómo no, si Él te creó). **Él confía en ti aun cuando tú no confías en ti mismo, en ti misma.** Siempre está disponible para ti. ¡Jamás te deja en visto! Lo único que debes hacer es abrir tus brazos y permitir que viva en una de las recámaras de tu corazón, que se sienta bienvenido y bien recibido.

SIEMPRE CONTIGO

Es tiempo de permitir que el Maestro forme parte de tu vida. Inicia hoy, ahora. Involúcrate en sus charlas. Habla con Él. Tampoco tú lo dejes en visto. Extráñalo y búscalo. Comparte con Dios tus planes, tus tristeza, tus alegrías, todo. Ten la certeza de que, cuando todos te fallen, Él seguirá a tu lado, siempre junto a ti.

Una verdad cruda y dura es que tus amigos no siempre estarán disponibles, pero con Dios no existen agendas tan cargadas como para no tener tiempo de sentarse contigo para que tomen un cafecito (descafeinado, obvio) y charlen; para hacerte compañía y escucharte.

EL PROCESO

📋 *Paso 1: ANALIZA*

En la vida recibirás muchas desilusiones, quizás más de las que crees aguantar. Sin embargo, debes comprender que, cuando pierdes una amistad o un amor, en realidad estás ganando, porque te quedas con quienes necesitas cerca de ti.

💬 *Paso 2: FRASE DE PODER*

"En la presencia de Dios, lo tenemos todo, ahí no hay necesidad de sol, de luna, su Presencia es todo lo necesario.." — **DANTE GEBEL**

 Paso 3: LA ORACION

Padre, necesito estar seguro de que Jesús está conmigo aun cuando no lo vea. Quiero enaltecer su amistad y vivir de tal modo que lo honre. Gracias por este momento de oración; gracias por tú amistad genuina. Te lo pido en el nombre de Jesús. Amén.

ÉL CONFÍA EN TI AUN CUANDO TÚ NO CONFÍAS

EN TI MISMO,
EN TI MISMA.

06

Yo le sigo

EL TODO ERES TU

06
EL TODO ERES TU

Bueno, allí estaba yo, sentado, con ganas de inspirarme, escribir y terminar este libro; sin embargo, no llegué a tanto y no pude más que anotar ideas. Me quedé boquiabierto con lo hermoso que estaba revestido el Central Park, en la ciudad de New York. Era otoño y todo estaba espectacular: la mezcla de aromas, los colores radiantes y contratantes, el sol que recorría mi piel, el ruido de los incesantes automóviles; todo, para mí todo junto era una experiencia especial.
Noté que los cientos de personas que pasaban por ahí portaban celulares y tabletas, cámaras DSLR, y otros artefactos; sin embargo, yo decidí apagar todo (bueno, ponerlo en modo avión).

"Modo avión" es una práctica que me ayuda todos los días a desconectarme del ruido exterior y reconectarme conmigo mismo y con Dios. De hecho, la primera hora del día es la más importante y propicia para hacerlo; es cuando tomo el tiempo para leer, ejercitarme, escribir y orar, todo en "modo avión". Simplemente observo, hablo conmigo mismo y admiro lo hermosa que es la creación de Dios.

No es ningún secreto que New York es mi ciudad favorita y me encanta visitarla; y ese día yo estaba ahí, después de tanto tiempo. Era un regalo y una bendición lo que Dios hizo por mí esa vez. Había podido predicar durante dos semanas y había sido de los mejores regalos del 2016. Lo consideré como una caricia de Dios. Me sentía feliz y, mientras intentaba escribir, esbozaba una sonrisa al pensar que, por muy linda y agradable que fuera, esa experiencia no era una recompensa por serle fiel a Dios.

¿Qué tan maravilloso es viajar y poder visitar el Central Park? ¿Qué tan especial puede ser manejar un auto convertible último modelo? ¿Tal vez sean recompensas satisfactorias? ¿Podrían ser estas cosas una razón por la cual valga la pena vivir? Definitivamente, la respuesta es NO. Creo que la verdadera recompensa es caminar esta vida en la sangre de Jesús, inagotable, grandiosa, perfecta. Aun cuando no la vemos, la podemos sentir por fe, como el viento que nos acaricia cada mañana.

EL TODO ERES TU

Sin lugar a duda, Jesús es nuestro mejor regalo, la mayor recompensa, porque, cuando estábamos destinados al destierro y a la destrucción, decidió dejarlo todo por nosotros.

Después de un rato, yo seguía sentado en el Central Park, disfrutando cada momento; sin embargo, algo había cambiado muy dentro de mí. Después de ponerme en "modo avión" comprendí que nada se puede comparar con llamarle a Jesús mi amigo y mi Salvador (Filipenses 3:8).

EL PROCESO

 Paso 1: ANALIZA

Existen tantas cosas maravillosas que Dios creó, pero ninguna se asemeja a Él. Jesús como amigo es la mejor recompensa que el universo puede presumir.

 Paso 2: FRASE DE PODER

"Si no amas lo que tienes, Dios nunca te permitirá llegar a lo que deseas. Si no bendices tu Lea, tu realidad, nunca tendrás fruto con tu visión ni con tu sueño.." — **DANTE GEBEL**

 Paso 3: LA ORACION

Padre, quiero estar completo en ti. En este mundo tendremos razones para desviar nuestra mirada, pero ayúdame a sentirme pleno con tu amistad y presencia. Gracias por todo lo que me regalas, pero ayúdame a nunca olvidar lo más importante: Tu presencia en mi vida, Padre. Te lo pido en el nombre de Jesús. Amén.

SOLO JESÚS ES SUFICIENTE
SOLO JESÚS ES SUFICIENTE
SOLO JESÚS ES SUFICIENTE
SOLO JESÚS ES SUFICIENTE
SOLO JESÚS ES SUFICIENTE
SOLO JESÚS ES SUFICIENTE
SOLO JESÚS ES SUFICIENTE
SOLO JESÚS ES SUFICIENTE
SOLO JESÚS ES SUFICIENTE
SOLO JESÚS ES SUFICIENTE
SOLO JESÚS ES SUFICIENTE
SOLO JESÚS ES SUFICIENTE
SOLO JESÚS ES SUFICIENTE
SOLO JESÚS ES SUFICIENTE

07

Yo le sigo

ESTOY CONTIGO

07
Estoy Contigo

Me gusta el Salmo 23 por muchas razones; una de ellas es que lo puedo decir de memoria desde muy pequeño. Mi mamá me lo repitió tanto que podría decirlo hasta en chino (bueno, no tanto).

David fue un héroe de carne y hueso. Su estilo al escribir era como él: abierto, natural, y no usaba ningún tipo de filtros. Este salmo es realista y nos confronta con situaciones que todos enfrentamos en algún momento de nuestra existencia. Es un poema que nos enfoca en lo que importa; nos hace elevar la mirada hacia el cielo, aun cuando parezca ser esta la última opción. De paso, la última opción no siempre es la peor. Lo importante es estar conscientes de que no importa cuán grande es el problema, no se compara con lo grandioso que es Dios con nosotros. Mientras más miremos a Dios, el problema se verá y hará más pequeño.

Me alienta la afirmación de David: **"Aun cuando esté en valle de sombra y de muerte, tú estás conmigo"**. Es una frase muy conocida, y tal vez nada de esto es "nuevo" aparentemente; sin embargo, quiero recordarte que Dios no nos dice que todo estará bien siempre, aunque sí nos confirma que Él estará con nosotros y eso debería ser suficiente.

Te pregunto en este momento: ¿Qué valle de sombra y muerte estás atravesando hoy? ¿La muerte de una ser querido? ¿Un hijo con una enfermedad incurable? ¿Miedos? ¿Rechazos? ¿Tu pareja te abandonó? ¿Tal vez todas estas unidas en un terrible coctel?

Pues es justo ahí, cuando estás por tirar los guantes, **que Dios está a tu lado para llevarte en sus brazos porque no puedes más. Él desea que descanses en su regazo por el tiempo que sea necesario.** Pero recuerda, no te quedes petrificado por la situación que vives. De ninguna manera estoy minimizando tu dolor. En realidad, te entiendo, lo único que te recuerdo es que debes recorrer una milla extra. No te des por vencido. Recuerda que quien dirige tus pasos es el mismo que te dará la victoria, y la victoria está garantizada en Él.

EL PROCESO

 Paso 1: ANALIZA

Sentirnos solos es muy distinto a estar solos. Nosotros no podemos vivir por sentimientos; la fe debe ser el eje principal de nuestra vida, porque en Él estamos completos.

Paso 2: FRASE DE PODER

Cuándo juegas con un hijo de Dios yo te recomiendo que mejor juegues a la lotería porque ahí si tienes probabilidades de ganar. — **DANIEL HABIF**

 Paso 3: LA ORACION

Padre, muestra tu compañía y misericordia en mi crisis. Dame la certeza de que me acompañas y que contigo pasaré de forma segura este momento de oscuridad. Si es posible, abrázame y guíame cuando más lo necesite. Cuento contigo y eres lo único que necesito para seguir adelante. Te lo pido todo esto en el nombre de Jesús. Amén.

ÉL DESEA QUE DESCANSES EN SU REGAZO POR EL TIEMPO QUE SEA NECESARIO.

08

Yo le sigo

ENTRE CANSANCIO Y MAL OLOR

Entre cansancio y mal olor

Llovía a cántaros. Era casi un diluvio. Caminamos varias millas, nos perdimos, entramos al subway (metro subterráneo) equivocado, salimos y nos volvimos a perder. Llegó la noche, los pies dolían, el frío entraba por los huesos y una vez más nos volvimos a perder. Para entonces, mis zapatos se habían empapado, parecían como de un buzo. Mis pies… mis pies estaban muertos (parecían muertos). Luego de dos horas de caminar por Manhattan… quiero abrir mi corazón y ser serio, aunque me da pena contarlo (sé que no le dirás a nadie y no te vas a reír). Esa noche, al llegar al hotel, mis pies, más que cansados, olían mal (y sí parecían muertos, como en descomposición), es decir, realmente mal. Debía bañarme de manera inmediata.
Me bañé con agua caliente y mucho jabón, Entonces se me quitó el olor (eso creo yo). Sin embargo, creo que, si por alguna circunstancia le hubiera pedido a mi hermana que me ayudara a lavar los pies, me hubiera contestado con un rotundo ¡NO!

Esta experiencia me hace recordar a alguien que lavó los pies sucios y mal olientes, tal vez como los míos en esta ocasión. Ese personaje es **Jesús**, quien realizó el procedimiento con cada uno de sus discípulos, se humilló y representó la limpieza del Espíritu Santo.

Cómo quisiera yo esa limpieza, pero no solo de mis pies, sino desde mi cabeza hasta lo último de mis dedos. Una limpieza tal, que lave pensamientos y acciones, que borre mi pasado, que elimine mis errores y todo lo necesario para salir de mi vida triste y loca. ¿Puedes sentir tú ese tipo de amor? Es un amor que no rechaza, que da lo inmerecido, que llega adonde nadie quiere llegar.

Hoy es tu oportunidad. Dile al Señor: **"No solo me laves los pies; lava todo mi ser**, mi mente. Guía mis pasos, no permitas que me pierda en el laberinto de esta vida". Y si hoy te encuentras extraviado; si ese es tu caso, ten la certeza de que te puedes acercar y ser lavado por Él. ¡Dios te invita a que aceptes ser lavado! ¿Estás dispuesto?

EL PROCESO

 Paso 1: ANALIZA

Es clave analizar dónde estamos y adónde vamos. El estar conscientes de ello puede hacer una gran diferencia para saber con quién contamos.

 Paso 2: FRASE DE PODER

"No dejes que los obstáculos de la carrera te impidan disfrutar de la ceremonia de premios al final.." — **MAX LUCADO**

 Paso 3: LA ORACION

Padre, que mi caminar sea contigo hoy y siempre, que mis errores no detengan tu obra en mí, haz la limpieza en mi mente y en todo mi ser. En el nombre de Jesús. Amén.

09

Yo le sigo

¡VAMOS A SOÑAR!

09
¡Vamos a soñar!

De niño, **¿qué soñabas ser de grande?** ¿Un astronauta, piloto de avión, médico o una Tortuga Ninja, como yo? (Yo era Michelangelo). Sé que puede causar risa, pero estoy siendo sincero contigo ahora. Y también deseo que seas sincero contigo mismo, para que te des cuenta de que muchas cosas no son para nada igual ni parecidas a cuando eras niño. No eres tan veloz ni tan fuerte como hace un tiempo (quizás una prominente barriga te estorbe). Posiblemente algunas canas y arrugas coronen tu frente (o muchas). Son consecuencias inevitables del tiempo, que no se detiene y no lo hará.
Quiero, sin embargo, que dejes a un lado tus canas y tus carencias (o abundancias), para que te enfoques en la siguiente aseveración: "Las personas no se vuelve viejas cuando pasan los años". **Las personas envejecen en el momento en que dejan de soñar**, pues justo cuando dejamos de soñar comenzamos a envejecer. Y es por esa razón que siempre insisto en que nunca dejemos de soñar. Esa bendita capacidad es la clave para lograr lo imposible.

Cada vez que tengo oportunidad, en mis charlas hablo de lo importante que es **volver a soñar.** Soñar renueva tus fuerzas y te hace ver más joven por dentro (que es lo más importante). Muchos tendrán excusas, pero sé que tú no eres uno de ellos. Para personas como nosotros no existen excusas debido a la edad o los recursos disponibles. Quienes se enfocan en lograr sus sueños están dispuestos a aplastar cualquier gigante que se les atraviese, porque saben que de hacerlo dependen sus vidas.

Te diré lo siguiente con mucha propiedad y de la manera más solemne posible: Querido, **"Él tiene grandes cosas para tu vida".** Él puede usar aun los acontecimientos malos en tu vida para impulsarte y que cumplas tus sueños; por eso nunca dejes de creer, nunca dejes de soñar.

¡Vamos a soñar!

Soñemos con Dios. Es tiempo de recargar tus baterías y comenzar lo que hemos pospuesto. Es momento de retomar esos sueños que están guardados, acumulando polvo en un cuarto lleno de dolor. Es hora de dejar de engañarnos con que todo está bien, cuando sabes que existe algo pendiente, inconcluso, no resuelto. De tu sueño solo te separa el miedo que debes abandonar. Debes comenzar a luchar por alcanzarlo de manera contundente hoy. Sí, hoy. Hoy es un gran día para hacerlo realidad. ¡Vamos a soñar! ¡Haz algo nuevo!

Ya está sucediendo, ¿te das cuenta? Acabas de decidir y Dios te dice: "Estoy abriendo un camino en el desierto, y ríos en lugares desolados" (Isaías 43:19). Dios lo está haciendo de nuevo.

EL PROCESO

 Paso 1: *ANALIZA*

Tener la capacidad de soñar es sinónimo de estar con vida. Jamás permitas que alguna circunstancia te aleje de ese niño interior que nunca debe morir.

 Paso 2: *FRASE DE PODER*

"Que tus decisiones reflejen tus sueños, no tus miedos." — **NELSON MANDELA**

 Paso 3: *LA ORACION*

Padre, tus sueños son mejores que los míos. Si en algún momento tengo que desprenderme de los míos, permite que lo pueda hacer con la actitud correcta y saber que tus planes son mejores, pero que es necesario soñar para lograr ver tus deseos en mi vida. Te lo pido en el nombre de Jesús. Amén.

Las personas envejecen en el momento **EN QUE DEJAN DE SOÑAR**

10

Yo le sigo

NO ESTAS SOLO

10
No estas solo

Recibí una llamada esa noche, una llamada cargada de dolor y mucho reproche. Mi amiga que estaba al otro lado del teléfono se encontraba en el piso, llorando y abandonada, traicionada por las personas en quienes más había confiado. ¿Qué podría decirle yo en ese momento que la hiciera sentir mejor? ¿Qué palabras podrían sanar su corazón? Poca cosa podía yo hacer, sino solo escucharla.
Muchas veces la mejor forma de ayudar es simplemente escuchar. Esa misma noche me senté al piano con mi mente en este versículo: **"¿Qué diremos frente a esto? Si Dios está de nuestra parte, ¿quién puede estar en contra nuestra? El que no escatimó ni a su propio Hijo, sino que lo entregó por todos nosotros, ¿cómo no habrá de darnos generosamente, junto con Él, todas las cosas?"** (Romanos 8:31, 32). Entonces escribí uno de mis cantos favoritos, **"No estás solo"**.

Quizás hoy te encuentras abandonado, rechazado y confinado en la cárcel imaginaria de soledad y fracaso; sin embargo, si tan solo pudieses ver con los ojos de la fe, entenderías que lo único que necesitas es una cuota específica de amor para que se llenen esos espacios áridos de tu corazón. Sin embargo, nada puede llenar ese vacío, ninguna amistad, ni amores pasajeros; tampoco ningún vicio o adicción podrá satisfacer nuestro corazón, **solo Jesús es suficiente** y Él te dice que está contigo. Entonces, ¿por qué temer? ¿Por qué rendirse?

¿Sabes una cosa? Él te acompaña hoy. Y ten la certeza de que mañana, también. En tu noche más fría, en medio de la oscuridad y en ese llanto silencioso para no despertar a nadie en tu hogar, Él está contigo y te repite: "Hijo mío, tú no estás solo y nunca lo estarás. Yo estoy contigo". Créeme que quienes te abandonaron, lejos de hacerte un daño, te hicieron un gran favor. Ya sabes con quién no cuentas y que estar cerca de ellos solo te traerá dolor y pena. Abre hoy tu corazón y confía en que no estarás solo nunca más.

EL PROCESO

 Paso 1: ANALIZA

La soledad puede hacernos cometer errores, nos puede deprimir y, en ocasiones, causar daños irreparables. Es importante entender que en cualquier circunstancia contamos con un Padre que no nos abandona.

 Paso 2: FRASE DE PODER

"Cuando sientas frio su amor te cubrirá, no estas solo" — **JONATHAN PASTOR**

 Paso 3: LA ORACION

Padre, en mi soledad no me dejes; abrázame y hazme sentir tu presencia. En el nombre de Jesús lo pido todo. Amén.

11

Yo le sigo

SIN DUDA

11
Sin dudas

Me enamoré de la historia de Abrahán cuando el pastor Fabio Córdoba (uno de mis pastores favoritos) me habló tanto de la vida de este personaje y, simplemente, como consecuencia, se dio natural aprender muchas lecciones de él, de manera que no pude dejar de estudiar su vida desde entonces.
El patriarca fue un hombre probado muchas ocasiones y quien logró expandir su fe más allá de donde su mente le alcanzaba. **"Por la fe Abrahán, cuando fue llamado para ir a un lugar que más tarde recibiría como herencia, obedeció y salió sin saber a dónde iba" (Hebreos 11:8).**

Cuando fue llamado, recibió una indicación de Dios y obedeció. Para que Abrahán llegara al punto de ser llamado "héroe de la fe", requirió de mucho **sacrificio** y **determinación**. En las personas que logran cosas maravillosas, esos dos ingredientes son constantes. Además, él conocía a su Señor y no dudaba de su palabra.

En la actualidad, Dios te insta a vivir en grande, que avances por fe y que creas en Él sin dudar. Hoy nuestro Padre te desafía para que veas los obstáculos en tu camino como parte de la ruta del crecimiento y perfeccionamiento. No te quedes en el suelo viendo cómo otros alcanzan sus propósitos, cómo avanzan y vencen sus miedos, porque es una realidad que Dios te dio esa capacidad también. Simplemente prosigue adelante en el nombre de Jesús. **Sal de tu zona de confort** cuando seas llamado para ir a lugares desconocidos, a regiones a las que no desees ir o a emprender proezas desafiantes.

Cuando Dios espera que hagas cosas y tú piensas que realizarlas **está fuera de tus posibilidades o capacidades**, recuerda que "quien invita paga" y si Dios te llamó, Él pagará todos tus sueños...

EL PROCESO

 Paso 1: A N A L I Z A

El futuro es incierto, pero con Dios tienes garantizado un lugar con el que vas a lograr un sentimiento de pertenencia. Confía en Él con todo tu corazón.

 Paso 2: F R A S E D E P O D E R

"Las limitaciones son creadas por la mente humana basadas en la duda e incredulidad, a falta de entendimiento sobreabunda el juicio y el miedo." — **DANIEL HABIF**

 Paso 3: L A O R A C I O N

Padre, hazme entender tus misericordias y sentir tu compañía. Aun cuando no me muestres lo que sucederá, sé que, por la fe, algo bueno vendrá para mi vida. Gracias por la certeza que hoy invade mi corazón. Pido todo esto y te agradezco en el nombre de Jesús. Amén.

SAL DE TU ZONA DE CONFORT

12

Yo le sigo

AVANZANDO EN VICTORIA

12
Avanzando en Victoria

Quien alcanza cosas grandes no se detiene en el camino para ver mucho los detalles; por el contrario, su enfoque está en la meta. Mientras recorras el camino, enfrentarás unos días buenos y otros no tanto. La lluvia y el frío son elementos comunes que encontramos mientras avanzamos en la seda.

Lo que no podemos modificar no nos inquieta; el ritmo de la carrera es lo que nos importa y, por supuesto, llegar a la meta. El que tiene sus ojos en Jesús sabe que vale la pena llegar al final; entiende que la carrera se gana todos los días, paso a paso, con mucha perseverancia y la cuota necesaria de fe.

Las grandes batallas y los sueños que valen la pena se logran a través de un elemento indispensable: la DETERMINACIÓN. Sin embargo, hay otros factores.

"Cobren ánimo y ármense de valor, todos los que en el Señor esperan" (Salmo 31:24) es un texto que nos habla de estar motivados. El mensaje tiene la intención de alentarte, de convencerte de que, aun en medio de tu dolor y con el corazón roto, lleno el pecho de sufrimiento y con ráfagas de viento en contra, debes resistir.

Ese versículo hace énfasis en que no permitas que el frío de la angustia te haga desmayar. No está permitido renunciar. **El desánimo no es una opción para un campeón como tú.** Repite esta frase conmigo en este día: **"Avanzaré porque la victoria está garantizada"**.

Querido, querida, es hora de confiar en Dios con todo tu corazón. Él está contigo y seguirá estando; te ayuda y te ayudará. No es casualidad que estés leyendo estas líneas y sientas el fuego del Espíritu Santo que está trabajando. No desmayes; el mejor momento para quitarnos el peso del desánimo es ahora, hoy. No dejes pasar esta oportunidad. Dios está trabajando con tu corazón y lo está llevando a otro nivel espiritual. Enfócate en la meta y avanza. Al final podrás mirar el camino que transitaste, disfrutar de un lindo atardecer y repetir una y otra vez: **"Dios es bueno"**.

EL PROCESO

 Paso 1: ANALIZA

El desánimo es falta de confianza en Dios, y puede servir como especie de balanza para saber quién está dominando hoy tu vida.

 Paso 2: FRASE DE PODER

"Avanzar en victoria es la única velocidad que conoce Dios" — **JONATHAN PASTOR**

 Paso 3: LA ORACION

Padre, yo necesito vivir en victoria. Mi vida hasta ahora ha estado llena de derrotas; ya no puedo hacer nada al respecto, sino aprender de ellas y seguir adelante. Establece tu reino en mi vida y dame la victoria sobre mis problemas y situaciones. En el nombre de Jesús lo pido todo. Amén y amén.

"**Avanzaré
PORQUE
la victoria
ESTÁ**

Garantizada"

13

Yo le sigo

DIOS PODEROSO

13
Dios poderoso

Tus límites son del tamaño de tu Dios, por lo que te pregunto: ¿Cómo es tu Dios? ¿Grande? ¿Pequeño? **Tú mismo te colocas las barreras que encierran tu vida en una celda y en prisiones más grandes que la de Alcatraz.**
Yo busco mediante el espíritu Santo nunca limitar a Dios. Si existía alguien sin talento, recursos y limitaciones en muchos sentidos, ese era yo; sin embargo, por la gracia divina, no me enfoqué en lo que no tenía, sino en el Ser que lo tenía todo, y Él estaba de y a mi lado. Él era el único que podía reajustar mi visión y enfocarla. Me di cuenta de que el TODOPODEROSO estaba jugando para mi equipo, que Él era más grande que cualquiera de mis flaquezas y quería usarme, que estaba deseoso por tocar mi vida.

Uno de mis amigos argentinos dentro de la música tiene un grupo que se llama 20/20, y justo le colocaron ese nombre porque cuando se acercaron a Dios pudieron ver las cosas desde la perspectiva como las ve Él. Ese mismo mensaje lo recibo y te lo entrego el día de hoy. Acércate al Señor y te garantizo que te sentirás más enfocado. Podrás mirar lo que realmente importa.

Todos tenemos momentos negros y un pasado triste, pero, por favor, enfócate en Dios y comienza a construir tu futuro con Él. No te centres en lo que careces; mira lo que Él puede proveerte. El Señor posee un almacén de dones y bendiciones para ti. Él te tiene preparado un futuro poderoso.

Tengo la seguridad de que grandes cosas vienen para tu vida; sin embargo, es necesario que percibas tu situación actual como las ve Dios. Nada está perdido. **Solo ajusta tu visión y verás todo desde una óptica distinta: bajo la óptica divina.** Dios tiene poder para sacarte de donde estás y llevarte a un nivel más alto. Él es grande y poderoso.

EL PROCESO

 Paso 1: ANALIZA

Una de las mejores maneras de crecer es desaprender. Es posible que existan conexiones inapropiadas que te impiden recibir el poder de Dios, por lo que es necesario que permitas que sea Él quien abra tu mente y te muestre su poder en todas las áreas de tu vida.

 Paso 2: FRASE DE PODER

"No midas el tamaño de la montaña, habla con él que la puede mover." — **MAX LUCADO**

 Paso 3: LA ORACION

Padre, muestra en mi vida todo lo que necesito ver. Quiero enfocarme en lo importante para poder avanzar y lograr tu voluntad. Hazlo hoy. En el nombre de Jesús. Amén.

TÚ MISMO
TE COLOCAS
LAS BARRERAS
QUE ENCIERRAN
TU VIDA EN UNA
CELDA Y EN
PRISIONES MÁS
GRANDES
QUE LA DE
ALCATRAZ.

14

Yo le sigo

ESTRELLAS QUE HABLAN

14
Estrellas que hablan

"Luego el Señor lo llevó afuera y le dijo: Mira hacia el cielo y cuenta las estrellas, a ver si puedes. ¡Así de numerosa será tu descendencia!" (Génesis 15:5).
Te hablé sobre Abrahán unos capítulos atrás, pues este versículo es determinante dentro de su historia. Marca un antes y un después en su vida. Con esas palabras en mente, ahora quiero seguir hablándote sobre el poder de una visión bien enfocada.

La visión de este hombre de fe se encontró con un obstáculo. En ese entonces, él no había recibido lo prometido; todo se había quedado en palabras. Por si fuera poco, sus mejores días ya habían pasado y su esposa Sara, también ya anciana, se había quedado anhelando un hijo con todas sus fuerzas.

Puedo imaginarlos llorando tanto que se quedaban dormidos debido al desgaste emocional y físico que produce el llanto de dolor. Al razonarlo, nos podemos dar cuenta de que humanamente la promesa hecha no era posible. Es precisamente de ese punto donde se deriva la parte interesante.

Como primer paso, para poder obtener la victoria, es necesario experimentar el milagro en nuestra mente. Y es que nada de lo que se realiza en el plano material surge de la nada; surge en el pensamiento, para luego ir al plano físico. Si cambias la manera de ver los planes y metas, cambias el método de lograr objetivos.

Por eso te insto: Sal ahora de tus cuatro paredes mentales y espirituales, observa el cielo que te habla de lo maravilloso que es Dios, confía en Él, cree que el fuego de la fe está actuando ahora y que lo recibirás. Aun cuando dudes, mira las estrellas, pues ellas hablan del poder y grandeza del Señor. Entonces, cuando unas todos los ingredientes, te aseguro que en muy poco tiempo tendrás lo que tanto anhela tu corazón. **Dios nunca se olvida de lo que te promete.**

EL PROCESO

📋 *Paso 1: ANALIZA*

¿Qué es lo que hoy te detiene? Piensa en ello y vence cualquier limitación. El temor se vence solo por medio de la oración. De eso se trata ser valientes y avanzar en el nombre de Jesús.

 Paso 2: FRASE DE PODER

"La vida sólo puede ser comprendida mirando hacia atrás, pero ha de ser vivida mirando hacia delante.." — **SOREN KIERKEGAARD**

 Paso 3: LA ORACION

Padre, necesito de tu intervención ahora. Necesito una promesa a que aferrarme. Sé que tú eres un Dios que cumple, guíame hacia el cumplimiento de tu palabra en mí. Dame un recordatorio de lo que harás en mi vida. Te lo pido en el nombre de Jesús. Amén.

"DIOS NUNCA SE OLVIDA DE LO QUE PROMETE"

15

Yo le sigo

FE = ACCION

15
Fe = Acción

¿Tu día a día demuestra tu fe? Es fundamental que así sea. No podemos esconderla en una maleta y sacarla de vez en cuando. La fe, para que sea realmente fe, y no una imitación barata, debe ser activa y parte constante en nuestro andar.

La fe es creer; y no podemos pasar un día sin creer. **No podemos caminar una milla en medio de tanta incertidumbre sin la confianza en que Dios está con nosotros.** No podemos respirar sin la certeza de que Dios siempre traerá lo que nos conviene a nuestra vida.

El sabio dice en Proverbios 16:9 **que, muy a pesar de nuestros planes, el Señor es quien determina nuestras pisadas.** Por eso te animo: Practica la fe el día de hoy; sé parte de un milagro de fe para otra persona, para tu vida; actúa dando ánimo al cansado; pide perdón al que lo necesita (aun sin merecerlo). **La fe es acción** y todos nuestros actos deben demostrar cuánto confiamos en Él. Agrada a Dios con todo tu corazón y no desistas, no desistas en practicar la fe.

Quiero desafiarte a que hoy pases de la intención a la acción. **Dios no bendice la intención por muy buena y loable que esta sea. Dios bendice y respalda la acción impulsada por la fe.** Haz algo hoy, hazlo y verás que tu fe mueve aun las montañas más altas y escabrosas.

EL PROCESO

📋 Paso 1: ANALIZA

Actúa según lo que has creído. No te quedes esperando a que las cosas sucedan. Haz que suceda lo que Dios plantó en tu corazón.

 Paso 2: FRASE DE PODER

"Alimenta tus miedos y tu fe morirá de hambre. Alimenta tu fe y morirán tus miedos." — **MAX LUCADO**

📦 Paso 3: LA ORACION

Padre, necesito actuar. Es muy fácil quedarme parado, pero necesito actuar según lo que he creído. Quédate conmigo en medio de mis miedos y dame las fuerzas para dar esos pasos pequeños y convertirme en un gigante espiritual. Gracias por que lo estás haciendo ahora mismo en mi vida. Confío en tu palabra y en ti. En el nombre de Jesús. Amén.

NO PODEMOS CAMINAR UNA MILLA EN MEDIO DE TANTA INCERTIDUMBRE SIN LA CONFIANZA EN QUE DIOS ESTÁ CON NOSOTROS.

16

Yo le sigo

FE QUE SANA

16
Fe que sana

"Pensaba: Si al menos logro tocar su manto, quedaré sana". Jesús se dio vuelta, la vio y le dijo: ¡Ánimo, hija! Tu fe te ha sanado. Y la mujer quedó sana en aquel momento" (Mateo 9:21, 22).

Existe un secreto poderoso en este versículo. Quizás como yo, lo hayas leído decenas de veces; sin embargo, algo en él me llama la atención esta mañana, mientras sostengo mi taza con algo calentito dentro y me dispongo a pasar un tiempo con Dios. Así que lo dejo enfriar un poco para sentarme y escribirte esto que Dios me acaba de revelar. (Quizás es algo sencillo, y uso esa palabra porque una fe, aunque sea sencilla, es muy poderosa).

El secreto escondido del cual te quiero comentar es sobre los pasos para recibir sanidad, esa sanidad que ella necesitaba y a la que tú también puedes acceder.

El paso #1 es entender los procesos. Ella, antes de que se efectuase el milagro, tenía la certeza de que lo recibiría (poseía fe); el paso #2 es tan importante como el primero, y de eso te hablé en el capítulo anterior: Ella actuó conforme a su pensamiento (realizó una acción).

Un amigo que estaba pasando por problemas me comentó: "Jonathan, nunca seré lo suficientemente bueno como para ser aceptado en una iglesia. Siempre estoy con vicios, problemas, drogas". Yo lo miré y pensé: «Tiene razón, quizás una iglesia no lo acepte (algunas son así), pero para Dios no existe sanidad imposible».

Lo más cruel de ese tipo de pensamientos es que te llevarán al destierro; te encierran mentalmente. Es triste saber que todavía hoy, ese amigo continúa preso de sus pensamientos. Se saboteó desde el momento en que comenzó a pensar de esta manera y esto lo paralizó por completo.

Fe que sana

Yo entiendo que lograr eliminar los pensamiento con los que nos condenamos a nosotros mismos no es tan fácil como repetirlo y ya. Sin embargo, tampoco es tan difícil como lo creemos. Debemos analizar las situaciones. Sé lo complicado que es cambiar nuestra forma habitual de pensar, pero, mientras nos hablemos de la misma manera derrotista, nada va a mejorar. Y como si no fuera lo suficientemente complicado, nos encontramos con personas o "amigos" que se encargan de hacernos creer que, de la misma manera como hemos sido rechazados por la gente, así lo hará Dios.

Tal vez porque alguien renombrado afirmó que, si creemos algo como definitivo, realmente será definitivo, entonces nos repetimos una y otra vez que es imposible modificarlo. Sin embargo, así no actúa la fe que nos sana. **La fe que sana consiste en declarar y creer que lo mejor está por llegar, entonces avanzamos** (declarar, creer y avanzar) sin importar que la realidad parece ser diferente, sin ignorar el poder de Dios.

Hazte un favor y repite esto conmigo: "Mi sanidad ya viene en camino. Dios no demora. Mi fe es lo único necesario para ver este milagro".

Que Dios te bendiga en este día. Te envío un abrazo en la distancia y espero puedas luchar por lo que te pertenece. Créelo de corazón, entonces Él obrará.

EL PROCESO

 Paso 1: ANALIZA

Analiza lo que necesitas y ve por ello en fe, no dudes, hazlo y me cuentas como te fue (escríbeme al correo hola@jonathanpastor.net)

 Paso 2: FRASE DE PODER

"El Señor nos dice que tendremos que atravesar valles de lágrimas y transformarlos en manantiales de bendición." — **DANTE GEBEL**

 Paso 3: LA ORACION

Padre, tengo muchas cosas por las cuales pedir, pero ahora quiero una sanidad de mi espíritu y cuerpo, necesito tocar tu manto pero con fe, se que mi milagro esta en camino, se que mi confianza este en ti, ten piedad aun cuando no tenga fuerzas para avanzar te pido que puedas mirarme con ojos de amor y concederme el milagro, te lo pido en el nombre de Jesus, amen.

LA FE QUE SANA CONSISTE EN DECLARAR Y CREER QUE LO MEJOR ESTÁ POR LLEGAR, ENTONCES AVANZAMOS

17

Yo le sigo

TODO ES POSIBLE

17
Todo es posible

"Para el que cree, todo es posible" (Marco 9:23).

Este versículo fue el génesis de mi ministerio. Con este texto Dios me retó y, de manera milagrosa, el Señor me usó como nunca imaginé. TODO ES POSIBLE. Más que una canción, una conferencia y un libro, es el resumen del amor que Dios tiene y muestra hacia sus hijos. Él sigue apostando por nosotros cuando nadie más lo hace. Cuando creemos estancarnos; cuando creemos que no podemos volar más alto, **Dios nos sigue diciendo: "Tú puedes. ¡Vamos! Lo vas a lograr. Confío en ti"**.

Este texto es el mejor argumento para creerlo. La fe no es ciega. La fe encuentra muchas evidencias de lo que Él puede lograr, porque ya lo hizo en el pasado y tiene el poder e intención para hacerlo vez tras vez. Él puede cambiar las circunstancias desfavorables en tu vida; sin embargo, necesitas creer con todo tu corazón que, sin importar tu pasado, tu educación y derrotas anteriores, nada te impedirá ver cumplir lo que el Señor prometió para tu vida. Él busca a personas con corazones sinceros y llenos de fe. **Creerle a Dios es expulsar los pensamientos negativos, abrazarlo y aferrarte a Él con toda confianza.**

Querido, no te desesperes. Cuando las voces a tu alrededor te griten que es imposible, cree que tu mejor momento está por llegar. Confía, avanza, traza nuevos objetivos y salta al vacío. Ten la certeza de que Dios te sostendrá. Te lo aseguro, yo ya lo he hecho. Salta y huye de tus dudas, de los fantasmas del ayer, de las telarañas de los pensamientos más terribles.

Trázate metas grandes, de esas que dan escalofríos con solo pensarlas. Proponte esos sueños que están reservados para una clase diferente de personas, como tú.

Cuando otros no crean en ti, el Dios todopoderoso lo hace, y si Él confía en ti, ¿por qué no habrías de hacerlo tú?

EL PROCESO

 Paso 1: *ANALIZA*

Crea un mapa de metas y, por muy imposibles que parezcan, entrégaselas al Señor. Te sorprenderás al ver lo que Dios hará en unos meses.

 Paso 2: *FRASE DE PODER*

"Todo es posible cuando tienes fe. La montaña en el camino se tiene que mover; el mar se abrirá cuando actives la palabra, porque todo es posible para Él"
— **JONATHAN PASTOR**

Paso 3: *LA ORACION*

Señor, gracias por hacerme entender que contigo todo es posible. No permitas que mi vida se tambalee en la cuerda floja de la duda. Hazme ver los desafíos como oportunidades y hazme confiar en lo que has prometido. Te pido todo esto en el nombre de Jesús. Amén.

CREERLE A DIOS

ES EXPULSAR LOS PENSAMIENTOS NEGATIVOS, ABRAZARLO Y AFERRARTE A ÉL CON TODA CONFIANZA.

18

Yo le sigo

FE MILAGROSA

18
Fe milagrosa

"Entonces les tocó los ojos y les dijo: 'Se hará con ustedes conforme a su fe'" (Mateo 9:29).

No puedo dejar de hablar acerca de la fe, que es tan esencial, y lo hago con la certeza de que **este es tu momento, este es tu tiempo.** Hoy puedes usar la fe para bendecir y ejercer cambios en tu familia. Aunque la fe también te puede usar para sanar con palabras la vida del quebrantado; también puedes traer sanidad al corazón destruido. De muchas maneras puedes ayudar a que sucedan milagros cuando trabajas con fe.

En ocasiones nos olvidamos de la función más importante de la fe, que debe ser usada primeramente en nuestra propia vida. Quizás estás pasando un momento de angustia como nunca antes; posiblemente te abandonó tu pareja, estás quebrantado por una enfermedad o miras el recibo del banco y tus números están en negativo. Y justo en este momento de crisis no tienes adónde ir. Ya lo has intentado todo y sientes que has estado dando vueltas en círculos.

Créelo, es en esas circunstancias cuando la fe puede actuar también en tu favor. Es en este preciso instante cuando puedes permitirle a Dios que trabaje en tu corazón y que ejecute un milagro poderoso, un milagro de restauración de la confianza y de búsqueda de solución.

Quiero ser muy honesto: Cuando hablo de milagro no me refiero a que cuando abras el refrigerador, encontrarás un rollo con el dinero exacto (que Dios lo puede hacer). Te hablo de que el Señor actuará en tu favor para que al caminar puedas tomar decisiones sabias que te conduzcan al milagro que tanto necesitas.

Fe milagrosa

Es importante recordar que es imposible que se realice un milagro en tu vida si no colocas el 1% necesario. "¿Qué significa eso, Jonathan? ¿por qué tan poquito?", te preguntarás. Querido, eso significa que tu trabajo es actuar y activar ese 1% que se llama **FE**. Bueno, en realidad, lo de menos es el tamaño de la fe, lo importante es la disposición de creer en su palabra, en sus promesas. Si tu voluntad está en sintonía con el cielo, tu fe activará cosas maravillosas a tu alrededor.

Es tiempo de cambiar nuestra forma de pensar si queremos ver milagros en nosotros y en otros. Es necesario creer en Dios con todo nuestro corazón. Si así lo haces, debo decirte que, se efectuará un milagro en tu vida en el nombre de Jesús. Lo recibirás muy pronto. Yo lo creo, ¿tú lo crees?

EL PROCESO

 Paso 1: ANALIZA

Lo que le pides a Dios necesita 1% de fe. Entonces debes expresarla y hacerla visible. Camina en fe y verás abrirse el mar Rojo.

 Paso 2: FRASE DE PODER

"Hay dos formas de ver la vida: una es creer que no existen milagros, la otra es creer que todo es un milagro." — **DANTE GEBEL**

 Paso 3: LA ORACION

Padre, necesito un milagro... La verdad, más de uno, que comience conmigo y termine con lo que sabes que hoy oprime mi corazón. Dame la fuerza para continuar y saber que no pasará mucho tiempo antes de que un milagro se realice en mi vida. Dame fe y la confianza para creer en ese milagro. Te lo pido en el nombre de Jesús. Amén.

ES IMPORTANTE
RECORDAR QUE
ES IMPOSIBLE
QUE SE REALICE
UN MILAGRO
EN TU VIDA
SI NO COLOCAS
EL 1%
NECESARIO.

19

Yo le sigo

FE PARA ESPERAR

19
Fe para vencer

"Ahora bien, la fe es la garantía de lo que se espera, la certeza de lo que no se ve" (Hebreos 11:1).
Me dolía el corazón. No me refiero a un dolor literal, sino a que sentía una gran angustia en el pecho al ver tantas cosas terribles que pasaban en mi país. Quizás tú, en momentos de sufrimiento, haces algo para sacar el dolor y sanar. Algunas personas no saben canalizar la rabia, dolor o frustración y lo primero que hacen es comer, otros se sientan a ver un maratón de películas en Netflix. Otros más, en el peor de los casos, abusan de sustancias. Y no los estoy juzgando, solo hablo de manera clara.

Durante algunos de mis momentos de dolor, yo también intenté mitigarlo con algunas de estas formas (menos abusar de sustancias) y traté de modificar algo que no estaba bien en mi vida. Sin embargo, descubrí que al escribir sacaba de alguna manera el sufrimiento que podía tener. En esa ocasión me senté al piano y escribí una canción para mi país, Venezuela, aunque era más para los venezolanos, que atraviesan momentos de pobreza e incertidumbre como nunca antes vivida, y aún no ven la luz al final del túnel.

Pensé en los miles de niños sumidos en la pobreza, sin comida en sus mesas, y eso me hizo escribir unas palabras de esperanza ("Lo mejor está por llegar" con Huascar Barradas. Puedes buscarlo en Spotify al terminar de leer).

La pobreza física no es un problema insuperable. La pobreza puede cambiar con dólares en el banco. El verdadero problema es salir de la pobreza mental, de los pensamientos que albergamos de manera negativa y que sabotean cualquier intento de avanzar. Los pensamientos de victoria deberían arroparnos en la noche y ser nuestra primera comida en la mañana. Los retos nunca podrán vencer al que cree en un Dios de grandes logros.

Fe para vencer

El texto nos habla de **fe y confianza**. Esas son las claves para poder vencer cualquier situación; sin embargo, no puedes confiar en alguien a quien no conoces, y sin confianza no existe fe.

Él me inspiró a escribir este libro para recordarte que, por muy difícil que se vean las circunstancias, nosotros no debemos perder la fe. En realidad, los que confían en Dios nunca pierde la fe. Mi país, al igual que tu vida, necesita quitarse la mentalidad de fracaso. Esos pensamientos nos alejan del favor y la esperanza que vienen del cielo.

Cosas maravillosas están por llegar. Y si no llegaran pronto, entonces nos queda esperar en Él. Algunas cosas sucederán en esta vida y otras en un cielo nuevo, pero algo hará Dios. Nos toca esperar y esperar en FE.

EL PROCESO

Paso 1: ANALIZA

La fe es necesaria. Si quieres recibir bendiciones de Dios, debes tener una cuota de fe. Que tu vida se impregne de fe y puedas avanzar a pesar de lo complicado de las circunstancias.

Paso 2: FRASE DE PODER

"Hay que poner todo nuestro empeño en lo que hacemos y creer con todas nuestras fuerzas en ello."
— **MICHAEL JORDAN**

Paso 3: LA ORACION

Padre, en este momento yo anhelo de todo corazón que me inyectes la fe para poder vencer y seguir adelante; que nunca la pierda y que esté siempre presente cuando más la necesite. Gracias por tus promesas que son una realidad gigante en mi vida. Te pido todo esto en el nombre de Jesús. Amén.

20

Yo le sigo

ENFOCADO

20
Enfocado

"Grábate en el corazón estas palabras que hoy te mando. Incúlcaselas continuamente a tus hijos. Háblales de ellas cuando estés en tu casa y cuando vayas por el camino, cuando te acuestes y cuando te levantes. Átalas a tus manos como un signo; llévalas en tu frente como una marca [...] escríbelas en los postes de tu casa y en los portones de tus ciudades" (Deuteronomio 6:6-8, 9).

Nuestros pies sé dirigen al lugar donde enfocamos nuestra mirada; es decir que, llegar al destino depende de nuestra visión, y nuestra visión se mantiene por medio de la fe, y la fe se alimenta de la palabra.

Ahora que podemos ver el panorama completo, encontramos una promesa que nos dará el empuje para avanzar y comenzar con el primer paso, que es el más importante. Es indispensable que lo demos confiados y con mucha seguridad.

Un ejercicio que te ayudará para mantenerte enfocado y ser un ganador es el siguiente: Toma una post-it y anota pequeños recordatorios que te motiven en los momentos difíciles; pégalos en tu espejo, en tu refrigerador, en tu agenda, incluso, en la pared de tu cuarto. Yo los coloqué en el monitor de mi computadora. No tienes idea de lo determinantes que pueden ser en un momento en el cual quieres tirar la toalla.

Hace un par de años, este experimento me salvó la vida; lo realicé durante una situación en la que necesitaba más fortaleza para terminar un proyecto. En otra oportunidad, en medio de una crisis, recibí esperanza.

Quizás hoy, querido, estás en los exámenes finales y necesitas sabiduría. Te recomiendo que uses esta frase. "Todo lo puedo en Cristo que me fortalece" (Fil. 4:13). Es justo lo que necesitas para seguir adelante. Si estás sintiéndote inseguro, escribe: "Soy persistente", "Soy un ganador", y pueden ayudarte a terminar ese proyecto.

Enfocado

Si eres padre, este texto te ayudará cuando tus hijos estén lejos de Dios: "Mi familia y yo serviremos a Jehová" (Jos. 24:15). Haz ese ejercicio, experiméntalo, modifícalo a tu manera.

Créeme que la mejor forma de esperar en el Señor es recordando que Él cumplirá sus promesas; suplirá lo que haga falta y nos llenará en todas las áreas. Te toca enfocarte, hacer tu parte y alcanzarás la victoria.

EL PROCESO

📋 **Paso 1: ANALIZA**

Debes caminar en fe, avanzar y enfocarte. Quedarte inactivo no solucionará nada en tu vida. Haz dinámica la palabra de Dios y confía.

💬 **Paso 2: FRASE DE PODER**

"El problema es que la impaciencia se vuelva acción." — **DANIEL HABIF**

📦 **Paso 3: LA ORACION**

Padre, necesito enfocarme, necesito ir a la Fuente y sé que eres tú. Apaga las voces que me detienen y dame la certeza de que estás conmigo. Dame promesas para avanzar, y mantente a mi lado. En el nombre de Jesús. Amén.

21

Yo le sigo

ESPERANZA QUE BRILLA

21
Esperanza que brilla

"¿Por qué voy a inquietarme? ¿Por qué me voy a angustiar? En Dios pondré mi esperanza, y todavía lo alabaré. ¡Él es mi Salvador y mi Dios!" (Salmo 42:11).
La esperanza jamás se pierde. La esperanza es una persona. La esperanza es Dios. El futuro incierto puede tendernos trampas para inquietar nuestro corazón y robarnos la paz. Es una situación muy común en nuestro tiempo vivir inquietos y sin paz, angustiados, estresados, con sed de algo que calme nuestra alma sedienta.

Seré honesto contigo. El problema es que, adonde volteemos, te aseguro que estará un artefacto de esos "roba esperanza" esperando seducirnos, como la televisión, la Internet, las noticias; aunque puede ser también una persona, como la vecina chismosa, el compañero pesimista y negativo... Todos están intentando quitarte o robarte tu esperanza.

No quiero que pienses que debes hacerte el ciego ante las situaciones que vives. Claro que no. Lo que deseo es que, en medio de este torbellino de situaciones adversas y maldad que nos ha tocado vivir, te reenfoques, ajustes tu mirada en la solución, tal como el salmista lo expresa en el texto. En un momento muy complicado, ¿será difícil tener esperanza en medio de la angustia? De hecho, sí lo es, pero no imposible.

Déjame explicarte. El rey David estaba huyendo de Absalón, su propio hijo, quien había usurpado el reino de su padre y trató de tomar el control a través de un golpe de estado. El hijo ingrato estuvo por cuatro años ganando el apoyo de muchos ciudadanos. Había estado convenciendo a los demás de que él podría ser un mejor mediador de todos ellos ante David y un mejor juez. De esta forma, se había ganado el corazón de gran parte del pueblo.

Esperanza que brilla

Imagino lo difícil que fue toda esta situación para David; sin embargo, el Rey, en su angustia, tuvo la humildad de mirar al cielo, reconocer a Dios y confiar en que lo salvaría y estaría con él.

Te pregunto el día de hoy: ¿Tienes esa misma esperanza en Dios? ¿Dentro de tu drama puedes darte un respiro y permitirte reposar en Él? ¿Confías en tu Padre Celestial con todo tu corazón?

Hoy tu oración debe ser sincera y honesta. Te aseguro que puedes confiar y descansar en Él. Te lo digo con total convicción porque yo, al igual que tú, he pasado y paso por temporadas difíciles, pero ¿sabes algo? **La esperanza brillará más fuerte cuando la oscuridad sea más densa**. Tu esperanza no debe estar colocada en personas, factores ajenos o circunstancias externas. **Tu esperanza es Él y Él nunca te fallará.**

EL PROCESO

Paso 1: ANALIZA

¿Qué situación te está robando hoy la esperanza? ¿O tal vez es una persona quien lo están haciendo? Debes tomar la determinación de enfocarte en la solución y dejar de mirar el problema, que solo te robará tu paz.

Paso 2: FRASE DE PODER

"Si no puedes, debes hacerlo, y si debes puedes." —
TONY ROBBINS

Paso 3: LA ORACION

Padre, quiero ser sincero. Existen tantas cosas que me aprisionan. La esperanza parece acabar. Necesito ahora mismo que tu paz me invada, que me devuelvas la esperanza, que brille tu luz en mi vida. Creo que puedes actuar y sé que así será. En el nombre de Jesús. Amén.

La esperanza **BRILLARÁ MÁS FUERTE CUANDO LA OSCURIDAD SEA MÁS** *densa.*

22

NUESTRO MAYOR ENEMIGO

Yo le sigo

22
Nuestro mayor enemigo

El miedo es el depredador de los sueños. Te deja sin empleo, sin relaciones y sin la joven hermosa que te vuelve loco. En el peor de los casos, nos encarcela virtualmente (sin darnos cuenta) y nos acecha hasta el último día de nuestra vida. Lo culpamos de todo como si no tuviéramos remedio alguno; razonamos de manera limitada y nuestra mente se atrofia. Si fuera por nuestra forma de pensar, estoy seguro de que Jesús se sentiría apenado de muchos de nosotros.

El miedo nos hace vivir vidas sin rebeldía, sin riesgos, siendo conformistas. Nos convierte en moscas en vez de ser águilas y nos impide subir de nivel. El temor deposita una densa neblina sobre nosotros todos los días. Vivimos cegados por esa semilla que el enemigo entierra en nuestro corazón y, aunque queramos desterrarla, se nos hace imposible.

No te hablo del tipo de miedo que es bueno, el que te protege. No. Te hablo de ese miedo que te paraliza y que te hace vivir dentro de un caparazón; el que te impide ser lo que Dios quiere que seas; del tipo de miedo que apaga tu sonrisa; el que te hace vivir como perdedor.

La buena noticia, querido, es que Dios puede transformar nuestro miedo en gallardía; nuestra cobardía en arrojo, siempre y cuando busquemos su rostro. Cuando lo buscamos, encontramos conocimiento y fuerza para enfrentar los temores.

Vivimos viciados y nos limitamos a ir solo en busca de lo que Él puede proveernos (como si fuese papá Noel o Santa Claus) y obviamos lo más importante. La herramienta para derrotar el miedo está en la búsqueda de su conocimiento pleno. Conocimiento que te indica que no existe miedo que no se pueda derrotar, pero esa arma está reservada solo para los que se atreven a dar pasos de fe y creen que vencerán.

Nuestro mayor enemigo

Dios se manifestará cuando rompamos, por medio de su Espíritu, las cuerdas que nos atan. Entonces podremos **sentir sobre nosotros su lluvia que refresca nuestra alma con sueños que nos harán despertar con una razón para vivir.**

Tendremos miedo en muchas ocasiones, pero es necesario avanzar. Avanza de rodillas hasta que sangren. Déjate empapar de su fortaleza. Repite en cada momento: "Más son los que están conmigo que los que están contra mí". Avanza aun en medio de la tormenta. Derrota los miedos que hoy te acechan, clávales un puñal, entiérralos y vive para contarlo. Este mundo es para los valientes. Valientes como tú y como yo.

EL PROCESO

 Paso 1: ANALIZA

Fácil es colocar la confianza en una persona; difícil es colocarla en el lugar correcto. Haz el ejercicio de colocarla en Dios. En Él puedes descansar.

 Paso 2: FRASE DE PODER

"Al comienzo de cada acto de fe, hay a menudo una semilla de miedo." — **MAX LUCADO**

 Paso 3: LA ORACION

Padre, mi confianza está en ti. En mi drama quiero descansar en tus brazos. Dame un abrazo en este momento, porque siento que me persiguen. Dame reposo. Te lo pido en el nombre de Jesús. Amén.

23

CAMBIO DE ADN

Yo le sigo

23
Cambio de ADN

"Aquella misma noche el Señor le dijo: 'Toma un toro del rebaño de tu padre; el segundo, el que tiene siete años. Derriba el altar que tu padre ha dedicado a Baal, y el poste con la imagen de la diosa Aserá que está junto a él. Luego, sobre la cima de este lugar de refugio, construye un altar apropiado para el Señor tu Dios. Toma entonces la leña del poste de Aserá que cortaste, y ofrece el segundo toro como un holocausto" (Jueces 6:25, 26).

"¡Eres igual a tu padre!" "Tienes los mismos problemas que él". "¡Eres un fracasado como él!" ¿Cuántas frases como estas son repetidas en cada hogar? Te asombrarás al saber que no eres el único a quien le gritaron estas palabras. Y pensar que luego nos sorprendemos con los resultados. Nos convertimos en especialistas en amargar la vida de los más pequeños de la casa. Y no necesariamente solo los padres hacen esto. Quizás eres tío y hablas de esa manera agresiva, de tal forma que arrojas basura en los corazones tiernos; echas escombros a las mentes susceptibles, y así, por lo que vivimos en nuestro pasado familiar, cooperamos en crear pequeños monstruos. Por nuestras frustraciones queremos frustrar a los demás.

Así razona un niño y la primera vez piensa: «Eso no es cierto. Yo seré diferente. No me parezco a él». **Pero una mentira dicha mil veces se puede convertir en una gran verdad**. Lo que repites tantas veces, en el cerebro marca un surco que se profundiza con cada repetición y el mensaje queda grabado. Aunque al inicio no era cierto, lo que el niño escucha se vuelve una realidad y termina actuando como no quería actuar: igual que su padre.

Vengo, sin embargo, a desafiar al enemigo y sus estrategias. Vengo a decirte que lo malo que hayas realizado o te hayan dicho NO es la última palabra. ¡No, señor! Algo falta en esta ecuación, y **es que, si tú aceptas a Dios, los errores y fracasos de tu familia no tienen por qué marcarte para toda la vida.**

Cambio de ADN

La Palabra nos dice que desde ahora somos injertados en un árbol genealógico de victoria, y Dios es tu Padre, así que ya no tienes por qué seguir cargando esos patrones y vicios heredados. Eres un nuevo ser de linaje real. Créelo hoy. Escucha lo que Él dice de ti. Encontrarás muchos aguafiestas que intentarán apagar tu llama. Esos fracasados son vampiros que intentan chupar tu espíritu, pero tú posees sangre real. Tú eres un vencedor. En Él, hasta un fracasado puede convertirse en un ganador; en el temeroso puede renacer un gigante. Dios confía en ti. Dios tiene un plan nuevo y mejor para tu vida. Cree que Él realiza un cambio de ADN en tu ser.

EL PROCESO

 Paso 1: ANALIZA

Tu pasado no te define, lo que diga la gente de ti no es la ultima palabra, lo importante es lo que Dios dice de ti, y para el tu eres un ganador.

 Paso 2: FRASE DE PODER

"El necio comete los mismos errores; el sabio comete nuevos"). — **DANIEL HABIF**

 Paso 3: LA ORACION

Padre, mi pasado es penoso; está lleno de dolor, de palabras hirientes. Necesito una sanidad el día de hoy. Hazme nuevo. Hazme tu hijo. Como mi Padre, abrázame y muéstrame el futuro que tienes para mí. Eso es lo que quiero: Vivir lo que tú tienes para mi vida. En el nombre de Jesús. Amén.

SI TÚ ACEPTAS **A DIOS,** LOS ERRORES Y **FRACASOS** DE TU FAMILIA NO TIENEN POR QUÉ MARCARTE PARA *toda la vida.*

24

Yo le sigo

ORACIONES QUE TRANSFORMAN

24
Oraciones que transforman

"Tú, Señor, escuchas la petición de los indefensos, les infundes aliento y atiendes a su clamor" (Salmo 10:17).
Hubieras escuchado a mi mamá en mis días de mocoso. Nunca se dio por vencida conmigo. Yo era como un cero a la izquierda. Nadie apostaba ni un centavo por mí. Siempre era el último de la clase. No brillaba en los deportes. Me costaba memorizar palabras, hablar, sumar, multiplicar… Ese era yo. No era el más popular de la escuela, pero ella, con sus labios, siempre me bendecía y, créeme, esas bendiciones no eran poca cosa. **Todo lo que hoy soy es producto de sus oraciones.**

Estoy terminando un concierto en este momento y una anciana llegó hasta mí con lágrimas en sus ojos y, en medio de un abrazo, me dijo: "Bendito el vientre que te formó". Eso me hizo recordar el principio que mi mamá ejercía en mi vida: **"Las peticiones de los padres tienen poder. Es más, tienen mucho poder"**. Por lo que te ruego: Jamás pronuncies una maldición sobre tus hijos, porque la palabras tienen un enorme poder. Recuerda que el Señor ejecutará tus palabras sobre ellos, sean buenas o malas.

Es un hecho que no logramos comprender el tamaño del poder que posee la forma como hablamos. Este es el motivo por el que cada día trato de refinar mi vocabulario, entonces me hablo y hablo con otros de tal forma que fluyan de mis labios palabras sabias y positivas, que transformen.

No tomes este capítulo a la ligera. Si tienes la oportunidad de cambiar algo hoy, que sea el poder redirigir todo en tu casa, en tu vida. Es el momento oportuno para tomar el timón de lo que hablas. Si todavía estás soltero, mucho mejor, porque estás a tiempo de iniciar cambios en tu forma de expresarte. Si estás casado(a) y tienes hijos, puedes orar conmigo y pedir con todo tu corazón la fortaleza para hablar en fe a tus pequeños, declarar sanidad sobre tu esposo o esposa, expresar lo invisible para que sea visible.

Oraciones que transforman

Dios te está escuchando. Existe mucho poder en nuestros labios, así que utiliza esa potestad en tu favor. Confía en que el Señor escuchará tu clamor y recibirás bendición sobre tu vida y la de tus familiares; sin embargo, asegúrate de orar y declarar la Palabra de Dios sobre ellos, repetir salmos, hablar en fe. Te asombrarás de lo que Él hará. Te lo digo por experiencia.

EL PROCESO

 Paso 1: *ANALIZA*

La manera en que hablas expresa la calidad de tu vida, así que ten mucho cuidado con las palabras que te dices y cómo hablas con los demás.

 Paso 2: *FRASE DE PODER*

"Cambias tu vida cambiando tu corazón." — **MAX LUCADO**

 Paso 3: *LA ORACION*

Padre, mi corazón está contaminado. No salen de mi boca palabras buenas. Quisiera conectarme contigo de tal manera que pueda hablar en fe. Dame un nuevo corazón para que nazcan palabras de bendición y pueda impregnar a mi familia de tu poder y gracia. Es una tarea difícil para mí, pero no imposible para ti. Hazlo ahora, mi Dios. Te lo pido en el nombre de Jesús. Amén.

"LAS PETICIONES DE LOS PADRES TIENEN PODER.
Es mas, tienen mucho poder"

25

Yo le sigo

AMIGOS MAS QUE HERMANOS

25
Amigos mas que hermanos

"Jonatán hijo de Saúl fue a ver a David en Hores, y lo animó a seguir confiando en Dios" (1 Samuel 23:16).

La amistad es una relación surgida de un milagro, de una bendición. Mi teoría sobre la amistad es muy compleja como para explicártela ahora mismo, pero es poderosa. Es una bendición enorme cuando se lleva de manera correcta. Por ejemplo, tengo un idioma no escrito con mis amigos; lo mismo ocurre con mis padres, quienes, al fin y al cabo, son también mis amigos. Sin duda sabes a lo que me refiero. Con los amigos nos asociamos en una atmósfera de estímulo y de bendición; crecemos juntos. Es innegable que tus amigos son parte importante, quieras o no, de tu crecimiento o tu estancamiento.

Cuando tienes una amistad con propósito, tu espíritu y mirada se enfocan en fe. Las etiquetas y las máscaras caen. Ellos saben quién eres en realidad. A pesar de tus errores, lejos de condenarte, te animan, te indican qué estás haciendo mal y ayudan a que te redirecciones. Con las amistades correctas volarás hasta lo más alto que puedes llegar. Así de grande es el poder de la amistad.

Si andas con gallinas, no vas a volar, pero si te acercas a las águilas, tarde o temprano estarás en lugares que nunca soñaste. Mantén cerca esos corazones que comparten tu visión y están enfocados en el cielo. Así llegarás más rápido y más lejos. La amistad no es una relación que surge de la nada. Debes invertir y saber dónde hacerlo, de otra forma estarás perdiendo tu tiempo y el de otras personas.

Revisa tus últimos cinco mensajes de WhatsApp. ¡Lo más seguro es que esos contactos son tus amigos! Sé sincero y responde: **¿Ellos te están ayudando a avanzar o están sembrando dudas?** Esa es la única pregunta que necesitas hacerte para saber si las debes dejar a un lado o debes buscar otras mejores.

Amigos mas que hermanos

Haz en este instante un análisis. Suma a quienes consideres tus mejores amigos… pues solo la mitad de ellos son realmente los verdaderos. No estoy hablando de rechazo, sino de afinidad y de propósito. Las amistades, por muy bonitas y buenas que sean, tienen en ocasiones un tiempo específico en tu vida. Algunos no te acompañarán ni te apoyarán en los cambios que necesitas hacer; sin embargo, eso no significa que sean malas personas; significa que tú y esa amistad están en diferentes niveles y es necesario que busques otros compañeros de vuelo.

¡Únete con gente que sume, no que reste! Toma este consejo de todo corazón. ¡Tu éxito depende en gran parte de la gente que te rodea! Dios te dé sabiduría para elegir bien.

EL PROCESO

 Paso 1: ANALIZA

Las amistades traen bendición y maldición. Escogerlas bien depende de ti. Busca en Dios la sabiduría y forma un equipo que te haga llegar lejos.

 Paso 2: FRASE DE PODER

"El talento gana partidos, pero el trabajo en equipo y la inteligencia ganan campeonatos." — **MICHAEL JORDAN**

 Paso 3: LA ORACION

Padre, yo necesito alejarme de algunas amistades y también acercarme a otras. Guíame porque solo no puedo. Ayúdame y dame la sabiduría para tomar buenas decisiones. Te lo pido en el nombre de Jesús. Amén.

SI ANDAS CON GALLINAS, NO VAS A VOLAR, PERO SI TE ACERCAS A LAS ÁGUILAS, TARDE O TEMPRANO ESTARÁS EN LUGARES QUE NUNCA SOÑASTE.

26

Yo le sigo

GENERACION DE IMPACTO

26
Generación de impacto

Estaba en la ciudad de New York grabando un video musical y mi mamá me había acompañado para estar durante el proceso de la producción. De hecho, filmó (¡Sí! Yo tampoco lo podía creer) e, incluso, aportó algunas ideas geniales. Mientras cenábamos se me acercó y me dijo: **"Hijo, en ti veo la continuación de todos mis sueños"**. Yo también así lo sentí. Mi mamá y yo estamos muy conectados en el lado artístico. Ella escribe, canta y todo lo hace mejor que yo. Es mi referente en cuanto a la pasión que le coloca a todo lo que realiza.

"¡Cuán grandes son sus señales! ¡Cuán portentosas son sus maravillas! ¡Su Reino es un reino eterno! ¡Su soberanía permanece de generación en generación!" (Daniel 4:3). Este texto me hace entender las palabras de mi madre. Yo también creo que mis hijos brillarán más que yo; llegará más lejos y me superarán en todo. Tengo la certeza de que así será. Cada generación superará a la siguiente por medio de la gracia en Cristo Jesús. ¿Estás dispuesto a creerlo así?

Te hablé unos capítulos atrás sobre la oración y su poder; sin embargo, para que esto suceda como tú lo esperas, no lo puedes dejar como obra de la casualidad. Que tus hijos logren hacer más y mejores cosas que tú será exclusivamente producto de la oración y de mucha oración.

Debes hacer la resolución, con la ayuda de Dios, de dejar un legado invaluable en la vida de ellos. Debes tatuar un estándar elevado en tu vida y en su mente. No desperdicies ningún minuto; aprovecha cada momento con ellos para impactarlos. No puedes quedarte dormido en tus laureles, jugando con la Play o ignorando lo que sucede. Cada segundo es una oportunidad única e irrepetible para bendecirlos y marcar sus vidas. Hoy tienes la oportunidad de hacer de ellos una generación que deje huella; que trasciendan en este mundo de tiniebla como una luz de bendición.

26
Generación de impacto

Hoy debes tomar la decisión de que, cuando tengas hijos, marques su vida para bien. Esta labor no es fácil, ya que se requiere de paciencia y mucha dependencia de Dios. Pagarás un alto precio, pero valdrá la pena. Vamos, querido. ¡Vamos hoy confiados en el Señor, seguros de que Él será nuestra ayuda! Yo sé que estás determinado, pero tu esfuerzo debe ser incansable. Tienes pocas oportunidades para impactar la vida de tus hijos. ¡Inicia hoy con esta determinación!

EL PROCESO

 Paso 1: *ANALIZA*

Tus hijos son parte importante de tu vida. Tienes oportunidades limitadas para dejar una poderosa huella permanente y darles las herramientas para que impacten otras vidas. Todos tus esfuerzos suman a este objetivo.

 Paso 2: *FRASE DE PODER*

"Incluso una decisión correcta es incorrecta cuando se toma demasiado tarde." — **LEE IACOCCA**

 Paso 3: *LA ORACION*

Padre, quiero impactar la vida de mis hijos ahora que puedo. Perdona la negligencia que he mostrado hasta ahora. Necesito determinación y tu fortaleza. Te lo pido en el nombre de Jesús. Amén.

27

Yo le sigo

< PESIMISTAS

27
< Pesimistas

La gente pesimista y negativa abunda. Es que salir de ese patrón puede ser muy difícil. Quienes critican son los que tiene la voz más gritona y molestosa en todas las redes sociales. Crecer en un ambiente así de contaminado nos puede engañar y hacer sentir que está bien seguir ese patrón de desprestigio y agresión.

La verdad, no obstante, es que ese tipo de personas no superaron las desventajas que tenían en su vida y viven ocultando sus carencias al señalar a los demás y al sembrar semillas de dolor y envidia.

Quizás le escribo a alguien que no tiene nada en el banco, con una montaña de antecedentes familiares negativos, rodeado de amigos que no le aportan nada positivo en su vida, con vicios y unos zapatos que caminan solo por la senda del fracaso.

Si te identificaste con la descripción anterior, seguramente los pesimistas te han robado tu espíritu y te han hecho creer que has llegado a tu fin. Ahora tu mente está invadida de desesperanza y eso está guiando tu vida, tus pensamientos y tus acciones.

Te aseguro que ellos no tienen la razón y que, en realidad, tú no perteneces a ese mundo de obscuridad, donde los memes sin sentido abundan, donde la cárcel de las dudas te mantiene cautivo. Es tiempo de revelarte desde lo más profundo de tu ser y con cada célula de tu cuerpo contra ese sistema. Es tiempo de despertar y dar el primer paso. Seguramente cuando lo des serás el centro de las burlas de esos charlatanes, pero, **por favor, no esperes que otros hagan lo que tú puedes lograr.**

Sal de tu rutina amarga y comienza a endulzar la vida porque pesimistas y fracasados existen muchos. En cambio, los que viven en fe son los más escasos.

< Pesimistas

Querido, créeme, a Dios le encanta contar con amigos que puedan creerle a ciegas. Eso alegra su corazón. En cambio, están esos del otro grupo, los rufianes, los apagavelas, los creídos que quieren ocultar sus carencias. Ese grupo no te encaja en este momento. A ese grupo no lo vas a querer cerca. Inicia por sacarlos de la comodidad de tu corazón. Huye de ellos como si de lepra se tratara. Los pesimistas te chuparán la sangre y todas tus fuerzas. Hazlo mientras tengas tiempo. Vas a sobrevivir y lograrás lo imposible. ¡Comienza ya!

EL PROCESO

 Paso 1: ANALIZA

Analiza tu vida, soca la duda y el pesimismo, abraza la fe y se parte del equipo ganador.

 Paso 2: FRASE DE PODER

"Si hoy fuese el último día de tu vida, ¿querrías hacer lo que vas a hacer hoy? Si la respuesta es no durante demasiados días seguidos, debes cambiar algo." — **STEVE JOBS**

 Paso 3: LA ORACION

Padre, ser pesimista no va contigo, pero no sé cómo salir de esto. Agranda mi fe; haz lo que tengas que hacer; conduce mi vida por el camino correcto y hazme amar tu verdad. En el nombre de Jesús. Amén.

28

TENDRAS TIEMPO

Yo le sigo

28
Tendrás tiempo

"No las esconderemos de sus descendientes; hablaremos a la generación venidera del poder del Señor, de sus proezas, y de las maravillas que ha realizado" (Salmo 78:4).

"¡Jamás pases más tiempo del necesario viendo los logros alcanzados, tampoco tus fracasos! ¡Solo aprende de ellos!", entonces mi papá me miró fijamente y así terminó la conversación. Me costó tiempo entender esa frase en plenitud. Esos dos mundos, de los logros y de los fracasos, guardan un peligro inmenso. Con el tiempo lo traduje de esta manera: **El colocar mi atención más tiempo de lo necesario observando lo logrado traerá conformismo, y quedarme mirando los fracasos me paralizará y no podré seguir avanzando.**

Nuestra generación necesita principios de paz, santidad y humildad. Nosotros somos responsables de lograr más de lo que nuestros padres lograron; así conseguiremos honrarlos a ellos también. Nunca te des por vencido. Grandes cosas tiene Dios para ti. Ya tendrás tiempo para ver todo lo que Él hizo; mientras tanto, estamos en una guerra y en procesos de cambios.

Las proezas son grandes y maravillosas, pero vendrá el tiempo de recordar y mirar el pasado con la certeza de que Dios estuvo contigo en todo ese tiempo. Por ahora, es momento de colocar la mirada en Dios y enfocarte en Él con toda tu fuerza interna, callar y esperar.

Tus hazañas hablarán por ti mientras vivas y aun cuando cierres tus ojos. Ese es el legado que dejarás en esta vida. De tus errores, aprende mucho; de cada pisada en falso, saca una enseñanza. Un error se convierte en una pesadilla cuando no aprendes, pero cuando sacas lo mejor de él, hasta se puede convertir en una bendición.

Tendrás tiempo

Debes estar alerta. No cuelgues muchos títulos en tu corazón porque te pueden hacer sentir cómodo. Tampoco vivas anclado en el fracaso porque corres el riesgo de quedarte estancado. Este mundo te necesita, ya tendrás tiempo para mirar lo que has logrado. La carrera ya comenzó y te espera lo mejor. ¿Estás listo?

EL PROCESO

 Paso 1: ANALIZA

Los errores son muestra de que lo estas intentando. Aprende todo lo que puedes de ellos y también de los errores de otras personas (esto se llama sabiduría).

 Paso 2: FRASE DE PODER

"Debes tener valor para seguir tu corazón y tu intuición. Todo lo demás, es secundario en la vida."
— **STEVE JOBS**

 Paso 3: LA ORACION

Padre, yo necesito avanzar; necesito fijar objetivos claros y ser persistente, sin mirar atrás, hasta lograr mis metas y, entonces, luchar por la siguiente. Ayúdame para impactar este mundo. Gracias por lo que haces en mi vida. En el nombre de Jesús. Amén.

29

GUERRA CAMPAL

Yo le sigo

29
Guerra campal

Desde hace días, mi amigo Luis David me envía constantemente mensajes sobre la oración. Al principio me molestaban bastante, como esos grupos de chat donde te meten y quieres salir. Bueno, este era el mismo caso (no te enojes, amigo); sin embargo, decidí leer sus reflexiones con más detenimiento. Y quiero confesarte que, en la mayoría de los casos, estos mensajes desnudaban mi falta de oración. Realmente, yo creía que tenía una vida de oración poderosa, pero la verdad es que mis oraciones daban lástima. Todos se daban cuenta, menos yo.
Desde ese momento, decidí ejercitarme en el gimnasio espiritual en las madrugadas y, aunque nadie me ha dicho si son más poderosas o no las oraciones que elevo, sé que está creciendo un gigante espiritual poderoso en mi interior.

Te pregunto: ¿Qué sucedería si lucháramos nuestras batallas (grandes y pequeñas) en posición de guerra (de rodillas)? ¿Qué sucedería? ¿Cómo sería nuestra vida? Este tema es algo muy serio y determinante. La oración no tiene sustituto. El momento de oración es el inicio de la aplastante victoria en tus batallas y puedes sentirlo.

Habrá días en los que parecerá que tus plegarias no pasan del techo; otras veces se sanará tu amigo enfermo o se arreglará tu auto descompuesto. Tal vez pensarás que Dios está jugando contigo, pero de eso se trata todo esto, de ir encontrando el balance en la relación de la oración y Dios.

La oración no puede ser sustituida por una hermosa alabanza (aunque esta tiene su lugar en tu relación con Dios), porque la oración es el arma. Lo digo una vez más: La oración es el arma. No existe algo más letal. La oración no solo nos prepara para ganar esta batalla, la oración nos hace ganar la guerra. No encontrarás ningún recurso más poderoso como ella. Lo mejor de todo es que es gratis y está disponible para ti el día de hoy.

Guerra campal

La puedes iniciar de cualquier forma y en cualquier momento: de rodillas, de pie, en el auto, en la ducha. Como quieras y cuando lo prefieras, pero ora, clama, llora y te aseguro que verás el poder de la oración que trabaja a tu favor. Ya lo dice la frase que seguramente has oído: Poca oración, poco poder; mucha oración, mucho poder.

EL PROCESO

 Paso 1: ANALIZA

La oración no solo trae respuestas, la oración refuerza tu relación con tu Creador. No existen sustitutos. La oración es el punto de partida para una vida espiritualmente fortalecida.

 Paso 2: FRASE DE PODER

"La Oración es medicina y poder que viene de Dios." — **DANTE GEBEL**

 Paso 3: LA ORACION

Padre, aquí estoy, con una vida de oración raquítica; con fallas, pero con mucha sinceridad en mi corazón. Ayúdame a crear el hábito de la oración. Quiero tener una relación de armonía contigo. Estos próximos días deseo reconstruir esta relación rota, pero necesito de tu ayuda. Despiértame y muéveme para orar. Te lo pido en el nombre de Jesús. Amén.

30

AÑOS DE RETRASO

Yo le sigo

30
Años de retraso

"Cuando estábamos en Horeb, el Señor nuestro Dios nos ordenó: 'Ustedes han permanecido ya demasiado tiempo en este monte. Yo les he entregado esta tierra; ¡adelante, tomen posesión de ella!'. El Señor juró que se la daría a los antepasados de ustedes, es decir, a Abraham, Isaac y Jacob, y a sus descendientes" (Deuteronomio 1:6-8).

Cansados se preguntaban si el GPS se habría dañado. Y es que once días se transformaron en 40 largos años de camino. Es un hecho que, aun cuando contamos con un Dios poderoso, **nuestra actitud retrasa la bendición.** Nuestra forma de pensar, las palabras que usamos y cómo respondemos ante la adversidad nos restan fuerza y nos confunden.

Sé que necesitas conquistar áreas de tu vida que hasta ahora se visualizan imposibles. Si es así, es porque aún no estás en sintonía con el cielo. Dios anhela ayudarnos, pero nosotros creamos paraguas espirituales que detienen las lluvias de bendiciones y cambios positivos que se avecinan. Él está constantemente derramando su gracia para acelerar el milagro que realizará en nuestro favor, pero nosotros nos encargamos de sabotear el trabajo.

Querido, hoy voy a hablarte directamente. Escúchame con atención: Es necesario que salgas de tu zona de comodidad. Debes arriesgar más, vivir más, hacer algo con tu vida. Enamora a esa chica que te vuelve loco, graba ese disco que tanto sueñas, construye tu casa, haz lo que sea, pero haz algo. Inténtalo, no vivas dando vueltas en círculo en el desierto de tu vida retrasando lo que Dios tiene para ti por esa actitud de disconformidad y apatía de tu parte.

No vivas aplazando lo que el Señor desea para tu vida. Encárgate de tomar hoy las riendas de tu existencia y apodérate de las bendiciones que llevan tu nombre como destinatario y, además, créelo en el nombre de Jesús con todo tu corazón.

Años de retraso

De ti depende en qué momento recibes lo que Dios te prometió. Ya está realizado en el mundo espiritual, falta que tú lo creas para que se deposite en tus mano lo que tanto esperas. Hoy puede ser el día de tomar posesión de lo que te pertenece.

EL PROCESO

 Paso 1: ANALIZA

Quizás la entrega de tu milagro tiene meses de retraso por tu actitud. Analiza tu vida. Cuando Dios dice que te lo va a dar, ¿qué pensamiento viene a tu mente?

 Paso 2: FRASE DE PODER

"Si estás trabajando en algo interesante, que realmente te importa, no necesitas que te empujen porque la visión te impulsará". — **STEVE JOBS**

 Paso 3: LA ORACION

Padre, gracias por las oportunidades. Perdona mi actitud. Yo necesito de verdad que se realice un milagro hoy. Inicia conmigo eso que necesitas hacer para que se derramen bendiciones en mi vida. Te lo ruego en el nombre de Jesús. Amén.

DE TI DEPENDE EN QUÉ MOMENTO RECIBES LO QUE DIOS TE PROMETIÓ.

31

Yo le sigo

NUEVAS TODAS LAS COSAS

31
Nuevas todas las cosas

"Por lo tanto, si alguno está en Cristo, es una nueva creación. ¡Lo viejo ha pasado, ha llegado ya lo nuevo!" (2 Corintios 5:17).

Aún sigo extasiado con tantos corazones que entregaron su vida al Señor. Estoy terminando una Caravana con el pastor Bullón y no dejo de asombrarme por el milagro de los nuevos comienzos. No existe algo más maravilloso que una persona que entrega su corazón a Jesús. Cuando eso sucede, yo quiero que se detenga la predicación, que se escuche el sonido del cielo, que salgan lágrimas de los redimidos. El momento cuando se realiza un bautizo es lo máximo, aunque, por desgracia, algunos lo han vuelto, como casi todo, un ritual rutinario.

La mayoría no está consciente de lo que ocurre cuando Dios llega a una vida. Te pregunto: ¿Acaso no fuiste redimido? Si tu respuesta es afirmativa, entonces sabrás que, cuando un corazón es renovado, esa noche es la mejor de todas. La pureza recorre el corazón sucio por las heridas y un aroma de paz inunda ese corazón renovado.

Para nosotros que ya tenemos al Señor debería ser una amonestación también. Somos especialistas en escarbar en el pasado, en culpar y señalar; especialistas en buscar defectos, pero ninguno, lo repito, ninguno de nosotros tiene el derecho de analizar los procesos de santificación. El bautizo es el inicio, no el final. Como dice un amigo mío, el pastor Pascual: "No es una graduación, es la bienvenida".

Si estamos conectados, no tenemos tiempo para mirar atrás y condenar. Lo nuevo es algo adrenalínico, emocionante. Cada mañana su fidelidad se renueva y puedes experimentar lo nuevo de Dios; puedes reconocer cambios en tu vida, notas cómo Dios te transforma y eso se experimenta. Lo experimentas al abrazar al caído, al levantarlo y al mirar hacia adelante.

Nuevas todas las cosas

Quienes somos nuevos en Cristo no nos la pasamos escarbando en el pasado; por el contrario, nos la pasamos sanando el pasado y llevando gente a los pies de Jesús. Es decir, nos mantenemos ocupados, sin críticas. Si esto no está sucediendo en tu vida, revísate, quizás no estás trabajando lo suficiente; quizás no sabes el precio de llevar un corazón a los pies de Jesús. Revisa tu vida y sé sincero. Todos tenemos algo que cambiar y hoy es el día.

EL PROCESO

 Paso 1: ANALIZA

Nos engañamos viendo los errores de otros, aunque algunos de esos errores sí son evidentes y quizás tengas razón; sin embargo, el cambio siempre debe iniciar en nosotros. Una vez que cambies todo lo que debas cambiar en ti (o sea, nunca), entonces puedes señalar a otros.

 Paso 2: FRASE DE PODER

"El pasado no tiene que ser tu prisión. Tienes una voz en tu destino. Tienes algo que decir en tu vida. Tienes una elección en el camino que tomes."
— **MAX LUCADO**

 Paso 3: LA ORACION

Padre, perdona mis labios por hablar mal de otros. El pasado o los cambios es materia que te pertenece solo a ti. Ayúdame a seguir mi vida y enfocarme en lo que debo mejorar. Ayúdame, Padre. Te lo pido en el nombre de Jesús. Amén.

Si estamos conectados, no tenemos tiempo para mirar atrás y condenar.

32

Yo le sigo

LA ACTITUD CORRECTA

32
La Actitud Correcta

"Ensancha el espacio de tu carpa, y despliega las cortinas de tu morada. ¡No te limites! Alarga tus cuerdas y refuerza tus estacas. Porque a derecha y a izquierda te extenderás; tu descendencia desalojará naciones, y poblará ciudades desoladas" (Isaías 54: 2, 3).

Recuerdo haber vivido años de injusticia junto con mi familia. ¿Sabes? Fueron tantas las situaciones que, en algunos momentos, dudé de la justicia divina. Todo sumó un cúmulo de cosas que me obligaron a pararme en la brecha, respirar profundo, ensanchar el pecho y pelear por lo que Dios me había prometido. Mi familia y yo nos mantuvimos con la actitud correcta, humillados, orando, alabando y ayunando.

Ninguna batalla puede ser ganada si no se la enfrenta con la actitud correcta. Cambiar de pensamientos fue determinante, y tanto lo fue que cambió nuestra forma de adorar y de percibir las circunstancias como oportunidades divinas.

La actitud correcta nos prepara para recibir lo prometido. La actitud correcta nos alinea con Dios. Si confías en el Señor con todo tu corazón, entonces no esperarás un poco o unas migajas. ¡NO! Tú corazón espera plenamente en Dios y un poco más. Cuando las circunstancias dicen que no es tiempo de alabar, entonces empieza a alabar; cuando sientas que te faltan las fuerzas, entonces ponte en movimiento; cuando todos se detengan, entonces comienza a avanzar por fe. Tu actitud determina la calidad y cantidad de tu fe. Es una cuestión de actitud. Es cuestión de tener una actitud correcta.

EL PROCESO

 Paso 1: ANALIZA

Revisa cómo es tu actitud cuando enfrentas situaciones adversas. Justo son esas las áreas en las que más necesitas trabajar.

 Paso 2: FRASE DE PODER

"Nunca nadie logró una meta al estar interesado en su logro. Uno debe estar comprometido." — **TONY ROBBINS**

 Paso 3: LA ORACION

Padre, hoy no tengo una buena actitud, mis hombros están caídos, dejé de sonreír. Ayúdame a ver las cosas en mi vida desde tu óptica, dame una actitud correcta, entonces esperaré con los brazos abiertos a que ocurra un milagro en mi vida. En el nombre de Jesús. Amén.

La actitud **CORRECTA NOS PREPARA PARA RECIBIR LO PROMETIDO. LA ACTITUD CORRECTA NOS ALINEA CON** *DIOS*

Ninguna batalla puede ser ganada si no se la enfrenta con la actitud correcta.

33

—

TODO OBRA PARA BIEN

Yo le sigo

32
Todo obra para bien

Nunca pensé, el momento más difícil
Me acercaron más a ti
Y al final, obrara para bien
No imagine
Que una lagrima sirviera
Para quebrantar el alma
Y al final aumentara nuestra fe.
Pero luego del desierto puedo ver, puedo ver
Claramente que tú has sido siempre fiel
Aunque en medio de las pruebas no se ve
Tú tienes todo bajo control.

"Todo obra para bien" se convirtió en una de mis frases favoritas durante mis últimos cuatro años. La recordé con una canción que se convirtió en un himno para mi vida, escrita por Lenny Salcedo, un gran músico dominicano, de quien tengo el privilegio de ser amigo. Ese canto me recordó la frase poderosa de que toda circunstancia y experiencia en la vida obrará o ayudará para bien. Es una afirmación que nos inyecta ánimo y mucha fortaleza en medio del dolor y la angustia. Es un recordatorio de que Dios puede transformar los vientos en una fuerza que nos impulsará y nos llevará más lejos.

"Ahora bien, sabemos que Dios dispone todas las cosas para el bien de quienes lo aman, los que han sido llamados de acuerdo con su propósito" (Romanos 8:28), dice literalmente el texto bíblico, aunque tal vez la versión más conocida sea esta: "Y sabemos que a los que aman a Dios, todas las cosas les ayudan a bien, esto es, a los que conforme a su propósito son llamados" (RV1960).

Existe un detalles en este texto que me llama la atención, y es que, para que las palabras expresadas se activen en nuestras vidas, necesitamos leer las letras chiquitas del contrato. Sería excelente que "TODO OBRA PARA BIEN" ("todas las cosas ayudan a bien") funcionara para todos, pero el texto no funciona así.

Todo obra para bien

El mensaje especifica que para "los que aman a Dios" las circunstancias obran para bien. Es decir, que esta cláusula es solo para los que están enamorados, comprometidos y lo dan todo para Él.

Dios te asegura que **tus derrotas se transformarán en combustible para llegar más lejos.** Si él es el #1 en tu vida, si lo amas más que a todo lo que hay hoy en tu vida, te aseguro que en medio de tu desierto verás la mano de Dios que trabaja a tu favor. ¡Vívelo y créelo hoy!

EL PROCESO

 Paso 1: *ANALIZA*

Revisa si amas a Dios con todo tu ser. Tienes que amarlo más que a tu pareja; incluso, que a tus padres. Tus derrotas se convertirán en el mejor maestro; solo haz tu parte: Ámalo con todo tu corazón.

 Paso 2: *FRASE DE PODER*

"La flor que florece en la adversidad es la más rara y la más hermosa de todas." — **WALT DISNEY**

 Paso 3: *LA ORACION*

Padre, necesito amarte con todo mi ser. Necesito que te conviertas en lo más importante en mi vida. Te amo y sé que me ayudarás en mi andar. Necesito que la problemática que estoy pasando se convierta en bendición. Yo creo en ti, sé que así será. Hazlo ahora. En el nombre de Jesús. Amén.

34

Yo le sigo

+ EXELENCIA - PERFECCION

34
+ Excelencia - Perfección

"Por eso, dispónganse para actuar con inteligencia; tengan dominio propio; pongan su esperanza completamente en la gracia que se les dará cuando se revele Jesucristo" (1 Pedro 1:13).

Actuar es la diferencia entre los que logran algo y los que se quedan en el camino. Tus limitaciones nunca podrán más que Dios. Creo que para este tiempo se necesitan personas que actúen. Ya contamos con suficientes "opinólogos" en este asunto.

Una vez alguien se me acercó y me hizo un examen sobre la Biblia cuando finalicé de predicar; obviamente, su intención no era nada buena. Eligió muy bien las temáticas y elaboró minuciosamente sus cuestionamientos, así que era de esperar que no les encontrara respuestas a algunas de sus preguntas. Entonces, este hombre me retó: "¿Cómo te atreves a predicar? ¿Cómo escribes un libro si no tienes todo el conocimiento?"

Me enteré de que esa persona estaba leyendo cientos de libros para escribir un libro. Me aseguró que, hasta que supiera absolutamente todo, se atrevería a predicar o escribir. Obviamente, todavía no tiene ni un sermón y, mucho menos, un libro, pero lo más doloroso es que ninguna vida es inspirada por su historia.

Actuar con inteligencia es saber que la gracia cubrirá lo que falte; sin embargo, lo que está en tus manos es suficiente para impactar a una generación. Por eso te animo, te insto: Actúa y sigue con lo que hoy tienes, que es suficiente para lograr grandes cosas. No pienses que te estoy hablando de ser mediocre; te hablo de buscar la excelencia con lo poco o mucho que tengas hoy en tus manos

Hazte la promesa de no buscar la perfección, ya que nunca llegará. El momento perfecto nunca llegará. No existe un momento perfecto para casarte, para escribir, para predicar... Esas son solo excusas en los labios de los opresores y cazadores de sueños.

+ Excelencia - Perfección

Busca la excelencia que se encuentra en la práctica. Ese es el ligero detalle que significa la diferencia. Cuando la gente resalte tus faltas, diles que tienen razón; cuando quieran hacer sobresalir tus incapacidades, hazles saber que están en lo correcto, pero que no te detendrán. Es probable que decenas de personas con vidas insatisfechas echen tierra y basura sobre tus sueños; sin embargo, es tiempo de alcanzar lo que Dios te prometió. No quiere decir que ya tengas todas las herramientas y elementos para alcanzarlos; sin embargo, tienes lo indispensable para lograrlo. ¡Tienes a Dios y con eso basta!

EL PROCESO

 Paso 1: ANALIZA

Lo que tienes en tu mano es suficiente para lograr tus sueños. No busques excusas; busca hacer algo ya con lo que tienes y Dios lo multiplicará.

 Paso 2: FRASE DE PODER

"Nunca hubo ningún temor en mí, no temo al fracaso. Si fallo un lanzamiento, ¿qué?."
— **MICHAEL JORDAN**

 Paso 3: LA ORACION

Padre, yo necesito hacer algo con mi vida, necesito cambiar mi historia. Perdona tantas excusas y el querer más para hacer algo. Necesito actuar ya. Dame las fuerzas y la seguridad de que estarás conmigo. Quita de mí el miedo y haz que pueda lograr mis sueños y propósitos. En el nombre de Jesús. Amén.

ACTUAR CON INTELIGENCIA ES SABER QUE *la gracia cubrirá* **LO QUE FALTE.**

Busca la excelencia que se encuentra en la practica.

35

Yo le sigo

DIOS ES MI PRIORIDAD

35
Dios es mi prioridad

Nos convertimos en imanes cuando Dios nos logra transformar. Cuando Él toca nuestra vida, atraemos el favor del Señor, atraemos oportunidades nuevas y somos imanes para bendiciones inesperadas e inimaginables. No tienes que ir en búsqueda de un ascenso, de una promoción o el favor en tu ministerio. **La Biblia aclara que, cuando estás con Dios, esas cosas no se buscan, simplemente llegan. Así de sencillo.**
Aclaro que tampoco consiste en quedarse esperando que las circunstancias óptimas se den, porque sí existe algo que te corresponde hacer: tu único trabajo es buscar el rostro de nuestro Padre celestial. El rostro de Dios significa su amor, su gracia, su bondad, el compartir con Él; entonces verás que su poder se manifiesta en tu diario vivir, y por los años que te restan, la gente se asombrará y te preguntará: "¿Cómo es posible que recibas tantas bendiciones?"

Te darás cuenta de que lo que parecía imposible se vuelve común. Sí, mi querido amigo. Verás cómo las bendiciones del Señor te perseguirán. No existe lugar donde te puedas esconder. ¿Estás preparado para abrazar lo que Dios tiene para tu vida?

EL PROCESO

 Paso 1: ANALIZA

Si Dios ocupa el primer lugar en tu vida, sin duda alguna el trabajo está realizado; lo demás llegará por añadidura. Créelo.

 Paso 2: FRASE DE PODER

"A una mente renovada le persiguen los milagros"
— **DANIEL HABIF**

 Paso 3: LA ORACION

Padre, necesito que ocurra un milagro hoy; el milagro de la certeza de que las bendiciones llegarán. No quiero ir en búsqueda de las cosas de esta tierra. Quiero buscar tu rostro de todo corazón; el resto sé que llegará según tus tiempos. Dame fuerzas y mucha paciencia. En el nombre de Jesús. Amén.

LA BIBLIA ACLARA QUE, CUANDO ESTÁS **CON DIOS,** ESAS COSAS NO SE BUSCAN, SIMPLEMENTE **LLEGAN.**

ASÍ DE SENCILLO.

36

Yo le sigo

MAGNATE ESPIRITUAL

36
Magnate espiritual

La palabra de Dios es dinámica, poderosa. Esa palabra puede crear cosas de la nada en un abrir y cerrar de ojos o, mejor dicho, en un abrir y cerrar de labios.
En repetidas oportunidades, querido, te he escrito sobre buscar el rostro de Dios; no está de más aclararte que no es una frase que yo inventé. Buscar el rostro, explico, es la complacencia en su palabra; recibir esas palabras y sentir gozo en obedecer el "así dice Jehová".

Cuando te sientes libre en obedecer, entenderás que, cuando la presencia de Dios nos inunda, nuestro mayor valor no se encuentra en la cuenta de cheques o en el título de una propiedad. Nuestra herencia la encontramos en Jesús. Así que hoy siéntete todo un magnate, un rico espiritual del tipo que no se puede imitar, porque sabe que tiene un enfoque diferente. Esta clase de ricos definen el éxito de manera distinta, ya que poseen un espíritu que cree con profundidad y nada los saca de balance.

Es necesario que levantes tu cabeza y confíes que con Él y en Él lo posees todo: Tienes un amigo, tienes un hermano, tienes al Creador de todo lo que te rodea. Si tienes a Dios, entonces posees una fuente infinita de bendición que nadie ni nada podrá detener. Es una realidad que existe gente tan pobre que lo único que posee es riqueza monetaria.

Quiero que analices tu vida ahora. Piensa en ese descontento o soledad que sientes en las noches, o tal vez son unas ganas absurdas de llorar; posiblemente tienes antojos o deseos de poseer cosas. Todo eso no se debe a un desbalance hormonal; tiene como origen el hecho de que Dios no es lo primordial y prioritario en tu vida.

Magnate espiritual

Si tienes a Dios como lo mejor y principal en tu existencia, te aseguro que encontrarás belleza donde antes no la encontrabas. Los demás la podrán ver también en ti y te percibirán como una persona completa, de esas con quienes vale la pena invertir un par de horas, tomar algo en una tarde, y que se convierta en una amistad duradera, positiva.

Yo deseo que seas del tipo de persona que se considera completa, que tiene a Dios y se siente satisfecha porque con Él nada te faltará.

EL PROCESO

 Paso 1: ANALIZA

Las bendiciones que llegarán al sentirte una persona agradecida con solo tener a Dios se notarán en poco tiempo. La gente verá en ti un cambio y reflejarás de manera inmediata quién es el que controla tu vida.

 Paso 2: FRASE DE PODER

"Mejor que me culpen por haberlo intentado todo y no por haberlo intentado poco. Tu vida tiene más sentido que únicamente llegar a final de mes."
— **DANIEL HABIF**

 Paso 3: LA ORACION

Padre, quiero que lo seas todo en mi vida; desde mi levantar hasta mi acostar. Quiero que invadas mi vida y te sientes en el trono de mi corazón. En el nombre de Jesús. Amén.

37

Yo le sigo

PERDONAME

37
Perdóname

¿Cuántas veces, empapados en lágrimas, nos damos cuenta de todo el daño que hemos causado? Hacemos daño de muchas maneras y les restamos vida a otras personas. En ocasiones nos damos cuenta cuando ya es muy tarde, cuando no podemos hacer nada al respecto y la persona a quien herimos no se encuentra con nosotros; tarde, cuando ya no existe solución de restauración en la relación.

Aun si no existe una solución con los demás, dentro de ti existe la necesidad de encontrar un perdón, un abrazo y continuar. Justo para esos momentos en el que todo parece ser demasiado "tarde" es que están estas hermosas y poderosas palabras:

"Si perdonas a los que te fallan, tu Padre celestial te perdonará a ti".

La mejor forma de iniciar el perdón es con uno mismo. Debemos aceptar y entender que no somos perfectos, que pasamos por situaciones que en muchas ocasiones traerán pena y tristeza en nuestra vida y que afectamos también a otras personas, que las herimos y nos dañamos. Es decir, nos fallamos y le fallamos a otros en muchas ocasiones.

La restauración inicia en nosotros, de ahí pasa a Dios antes de ir hacia otra persona. El perdón no significa precisamente la restauración de una relación. Es el inicio de una sanidad interior.

Muchas personas ignoran el poder que ejerce el perdón, por lo que viven atrapadas y sometidas en su propia obscuridad, comiendo polvo, llenas de remordimientos y rencores, porque están viviendo vidas carentes de poder. El perdón, por el contrario, es el inicio de una vida de poder.

Al perdonarnos y al pedir perdón, nos restauramos. Si te fijas, es una transformación que inicia con nosotros mismo y termina en otras personas. Debemos ser sinceros, analizar y aprender de nuestros errores.

Perdóname

No eres menos hombre por pedir perdón; no eres más débiles al admitir una culpa, por el contrario, te estarás perdiendo el vivir con todo tu potencial, pero con heridas abiertas, cuando solo debería existir una cicatriz como recordatorio de que aprendiste la lección.

Inicia hoy ese peregrinaje hacia el perdón, recuerda que nunca es tarde.

EL PROCESO

 Paso 1: ANALIZA

El perdón inicia con nosotros y es parte fundamental para poder recibir perdón de parte de Dios.

 Paso 2: FRASE DE PODER

"Te juro perdonarte, cuidarte, bendecirte, ayudarte y amarte todos los días de mi vida. (repetir frente al espejo todos los días)."
— **DANIEL HABIF**

 Paso 3: LA ORACION

Padre, necesito perdonar y necesito perdonarme. No sé por dónde iniciar, pero confío en que me ayudarás. Quiero aprender de mis errores y sé que este paso es el correcto. Lo pido todo en el nombre de Jesús. Amén.

La restauración inicia en nosotros, de ahí pasa a Dios antes de ir hacia otra persona.

38

Yo le sigo

FAVOR MARAVILLOSO

38
Favor maravilloso

"Más bien, busquen primeramente el reino de Dios y su justicia, y todas estas cosas les serán añadidas" (Mateo 6:33).

Creemos que la iglesia es una empresa multinivel, de esas que, para poder recibir ganancias, es necesario alcanzar ciertas metas. Hace unas semanas, un amigo me explicó que estaba emprendiendo un negocio de este tipo, y la manera como se deben lograr metas y más metas. Cuando lo escuché, no pude dejar de compararlo con nuestras vidas. En ocasiones pensamos que el reino de Dios opera de la misma manera, **pero para Dios no existen niveles de bendiciones. O estás dentro del río del favor de Dios o te quedas en la orilla. No existen medias tintas.**

Cuando Dios es tu búsqueda diaria, de cada mañana, no existe manera de que no puedas recibir sus bendiciones. Es como las caravanas de los reyes en la antigüedad. Cuando ellos transitaban por las rutas, a sus espaldas los seguían los carruajes con sus riquezas. No es que las personas persigan las bendiciones; sino que, la persona que busca el rostro de Dios es seguida por las bendiciones divinas y es alcanzado por ellas, porque busca su reino de todo corazón.

Uno de los ejercicios que más me trae bendición es comenzar el día conectado con Él. Estoy convencido de que recibo el favor de Dios de manera especial y de forma fresca en la madrugada. No podría hablar con ninguna persona antes de recibir esa lluvia nueva que me cubre con favores maravillosos. **Siento que, si Dios no es lo primero en mi vida, no estaré preparado para recibir todas las bendiciones que provienen de Él.**

Debes analizar en qué orden se encuentran tus prioridades. Hagamos un ejercicio: Enumera diez cosas que te interesan y determina entre todas ellas qué posición ocupa Dios. Ahora, con esos diez niveles, construye un edificio y coloca a Dios en el ascensor de tus prioridades hasta que llegue al piso principal. Te aseguro que, cuando hagas esto, tendrás claridad y un nuevo enfoque que otros notarán.

38
Favor maravilloso

Si colocas a Dios en otra posición que no sea el primer nivel, te saldrás de balance, se desequilibrará tu vida y tomarás decisiones que arruinarán tu futuro. No creo que quieras eso para tu vida. Dios no lo desea. Que el Señor sea prioridad en tu existencia. Comienza hoy con una relación verdadera y luego me cuentas cómo te va.

EL PROCESO

 Paso 1: ANALIZA

Cuando colocas a Dios en primer lugar, ¿cómo ves tu vida? ¿Cuáles son las bendiciones que encontrarás en el camino cuando lo colocas a Él como el número uno?

 Paso 2: FRASE DE PODER

"No puedes cambiar el pasado, pero sí el futuro."
— JOEL OSTEEN

 Paso 3: LA ORACION

Padre, quiero que seas lo primero en mi vida. Ayúdame a buscar tu favor especial temprano en la mañana. Necesito que todo gire alrededor de ti. Ayúdame. En el nombre de Jesús. Amén.

39

Yo le sigo

FAVOR PARA AVANZAR

39
Favor para avanzar

Me gusta encontrar en la Biblia palabras que detonan una explosión de fe en mi corazón; esas que me enfocan y me dan claridad. Génesis nos relata que **Noé contaba con el favor de Dios** y esa declaración me fortalece en mi diario vivir. Significa que Dios estuvo con él y sé que también estará a mi lado.
Si tienes una dificultad, una adversidad; si estás batallando contra un vicio o en una relación que no te conviene, el favor de Dios transformará esta experiencia en algo positivo. Entiende que quizás no de la manera como tú deseas, sino como Dios considera que es lo mejor para tu vida.

Cuando Noé se sintió desanimado frente a la misión de construir un gigantesco barco, de reunir cientos de animales y acomodarlos dentro, el Señor -la Biblia registra- le ofreció su favor y su fuerza fue depositada en el patriarca. Es esa misma fuerza para avanzar la que Dios te otorga hoy para poder dejar atrás cualquier obstáculo que te detiene.

La Palabra de Dios nos habla sobre una carrera que necesita ser recorrida sin cargas innecesarias. En ocasiones, esas cargas que llevamos encima son errores de nuestro pasado, malas decisiones o decisiones de otros que nos afectan. Sin embargo, si crees en el favor de Dios y confías en que Él está contigo, entonces avanzarás, aun cuando te toque enfrentar lo inimaginable, en medio de tormentas; cuando debas enfrentar gigantes que desafían tus sueños e intenten reducirte a polvo.

Quiero que recuerdes **que solo quienes toman el riesgo de avanzar podrán disfrutar de la victoria. ¡Levántate si estás caído! La restauración inicia en nosotros, de ahí pasa a Dios antes de ir hacia otra persona.** Sé quién eres; Dios sabe quién eres; solo falta que tú sepas quién eres realmente. Y si tienes el favor de Dios, entonces las puertas se te abrirán. El premio es tuyo. La victoria te pertenece. El favor de Dios te cubrirá en todas las áreas de tu vida.

Favor para avanzar

No esperes tener garantías humanas. Solo la fe te hará llegar adonde nadie más lo hizo. Al final te darás cuenta de que valió la pena. Toma riesgos y avanza.

EL PROCESO

 Paso 1: ANALIZA

¿Sientes que podrías dar más de lo que hasta ahora has hecho? ¿Qué te está deteniendo? Entrega a Dios esa debilidad y prepárate para avanzar.

 Paso 2: FRASE DE PODER

En ocasiones, más que orar por un milagro, lo que necesitamos es una oportunidad"
— **JONATHAN PASTOR**

 Paso 3: LA ORACION

Padre, necesito avanzar. La misión parece muy grande, pero confío en tu favor. Quiero alistarme y correr. Dame las fuerzas para avanzar. En el nombre de Jesús. Amén.

40

FAVOR PARA MARCAR LA DIFERENCIA

Yo le sigo

40
Favor para marcar la diferencia

Daniel siempre fue una persona que marcaba la diferencia. **DIOS TE DESAFÍA PARA QUE SIEMPRE MARQUES LA DIFERENCIA, SIN IMPORTAR DÓNDE ESTÉS.** Todo lo que hacía lo hacía bien. Desafiaba a los reyes y las reglas que se interponían en su relación con Dios. Tenía muchas excusas para poder vivir su vida lejos del Señor, pero su corazón estaba marcado con el fuego santo de la fidelidad a Dios.

En una tierra extraña y en medio de grandes tentaciones, Daniel salió victorioso. Eso es contar con el favor de Dios. En medio de las crisis su decisión fue serle fiel. No se desanimó, no se amargó, ni le reprochó nunca. En cambio, se gozó en las tormentas pues contaba con un Dios que premia la fidelidad. **El favor de Dios hará que marques la diferencia.**

Lo que hace de Messi o Cristiano los mejores jugadores (más Cristiano que Messi, pero ni ustedes ni yo estamos listos para esa discusión) no se encuentra en sus capacidades superiores, que no dudo que sea así; se trata de la determinación en ser el mejor; en entrenar más, cuando otros no lo hacen; en exigirse más, y recorrer esa milla extra. Y así debemos ser nosotros en todas la áreas de nuestra vida: al amar, al orar (incluso por nuestros enemigos), al pedir perdón y buscar reconciliación.

Todas nuestras capacidades y circunstancias negativas no determinarán hacia dónde llegaremos; es nuestra fidelidad la que lo marcará. **Y ese es el famoso "favor", un antes y un después en nuestro paso en este tierra,** esa llama inagotable que alumbra y calienta a otros.

Hoy necesitas de esa llama en tu vida para poder vivir en plenitud y para marcar la diferencia. Dios está dispuesto a hacer algo grande contigo, pero de ti depende poseer la determinación de querer marcar esa diferencia y saber que Dios respaldará tus acciones, así que, lo que tengas que hacer ¡hazlo hoy!

EL PROCESO

 Paso 1: ANALIZA

El favor de Dios es ese algo especial que te diferencia del resto; es tu mente conectada con el Señor de una manera que cambia todo lo que tocas.

 Paso 2: FRASE DE PODER

EL favor de Dios es todo

- Jonathan Pastor

 Paso 3: LA ORACION

Padre, necesito tener tu favor. Sin ti no tengo nada. Guíame en este día y que mis pisadas sean bendecidas por ti. En el nombre de Jesús. Amén.

El favor de Dios hará que marques la diferencia.

41

UNA MUJER DIFERENTE

Yo le sigo

40
Una mujer diferente

Otro caso semejante al de Daniel fue el de Rut, una mujer viuda que vivía en tierra extranjera, en medio de una hambruna como nunca antes, cerca del colapso, sin hijos, encargada de cuidar a su anciana suegra; sin embargo, un día su vida cambió para bien. Quiero resaltar *un día* y es que basta un momento inesperado para que nuestra vida dé un giro y tome un curso diferente.

Para Rut bastó que Dios colocara en su camino a Booz, el dueño misericordioso de todos los campos de cultivo. Él vio en ella el favor de Dios y ordenó dejar granos a propósito para que ella tuviera suficiente cosecha para llevar a su casa y compartiera con su suegra Nohemí. Fue ese día, ese momento cuando las circunstancias comenzaron a sonreírle.

Cuando estés cerca del desánimo, es el tiempo preciso en el que tendrás que escoger vivir más cerca de Dios y confiar en que Él mostrará su bondad contigo. Para que el Señor te coloqué en los campos de Booz, debes mantenerte cerca de las reglas divinas y lejos de la mayoría absurda. Tú eres una mujer distinta. ¡La gracia de Dios está contigo! ¡Tú estás marcada para hacer la diferencia en este mundo! Créelo y vívelo.

42

Yo le sigo

UN JOVEN DIFERENTE

42
Un joven diferente

José fue un modelo de joven. Más adelante hablaremos de él con mayor profundidad. Por ahora lo vamos a estudiar como un esclavo en una gran metrópoli de Egipto. Él fue maltratado, arrancado de su familia y su tierra; de ser el favorito de su padre, pasó a ser esclavo. Aun cuando todos los pronósticos dictaminaban que se revelara contra Dios, José escogió vivir conforme al propósito divino.

Fue acusado de violación, fue enviado a la cárcel, donde sufrió el olvido de otros, pero mantuvo una actitud distinta al resto y el Señor lo prosperó.

La bondad de Dios llega en los momentos difíciles, cuando no nos queda nada en el banco, cuando la familia se nos hace pedazos, cuando el divorcio toca nuestras puertas. Sin embargo, es en esos momentos cuando vamos a ver el propósito que Dios tiene para nuestra vida con más claridad. Justo ahí llega el favor de Dios que sopla a nuestras espaldas y nos eleva a las alturas; así pasaremos de esclavo a príncipe.

Lo que vives hoy pasará. No te detengas. Continúa avanzando hacia tu propósito.

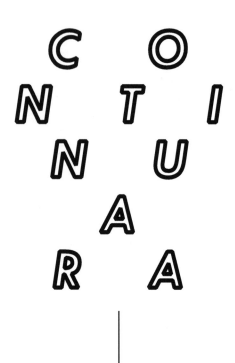

YOLESIGO

JONATHANPASTOR.NET

Made in the USA
Middletown, DE
10 June 2023